Olga Bördgen

Marketing 4.0 – Vertriebskanal Instagram

Warum Unternehmen Social-Media-Marketing-Strategien haben sollten

Bibliografische Information der Deutschen Nationalbibliothek:

Die Deutsche Nationalbibliothek verzeichnet diese Publikation in der Deutschen Nationalbibliografie; detaillierte bibliografische Daten sind im Internet über http://dnb.d-nb.de abrufbar.

Impressum:

Copyright © Science Factory 2020

Ein Imprint der GRIN Publishing GmbH, München

Druck und Bindung: Books on Demand GmbH, Norderstedt, Germany

Covergestaltung: GRIN Publishing GmbH

Inhaltsverzeichnis

Abkürzungsverzeichnis V

Abbildungsverzeichnis VII

Tabellenverzeichnis IX

Kurzfassung / Abstract X

1 Einleitung 1

    1.1 Themenrelevanz 1

    1.2 Zielsetzung 2

    1.3 Aufbau der Arbeit 3

2 Status quo im Marketing 4.0 4

    2.1 Veränderung des Marketings durch Digitalisierung 4

    2.2 Was ist Marketing 4.0? 17

3 Marketing- und Vertriebsplattform Instagram 32

    3.1 Soziale Foto- und Videosharing-App Instagram 32

    3.2 Shopping-Plattform Instagram 49

4 Relevanz von Instagram aus Unternehmenssicht 56

    4.1 Charakteristika von Instagram 56

    4.2 Die Herausforderungen von Instagram-Marketing 73

    4.3 Analyse der Ergebnisse von Kapitel vier 84

5 Systematisches Literatur-Review ... 86
5.1 Definition des Forschungsumfangs ... 86
5.2 Durchführung der Literaturrecherche ... 87
5.3 Darstellung der Ergebnisse ... 89

6 Fazit ... 95

Anhang ... 99
Anhang 1: Social-Media-Kennzahlen ... 99
Anhang 2: Stärken-Schwächen-Analyse für Jahr 2020 (inkl. Checkout) ... 102

Quellenverzeichnis ... 104

Abkürzungsverzeichnis

ADs	Advertisement (Werbung)
AR	Augmented Reality
BCG	Boston Consulting Group
BVCM	Bundesverband Community Management
CEO	Chief Executive Officer (Geschäftsführer)
CERN	Conseil Européen pour la Recherche Nucléaire
CMO	Chief Marketing Officer
CR	Customer-Relationship
CRM	Customer-Relationship-Management
DACH	Akronym für Deutschland, Österreich, Schweiz
DSGVO	Datenschutzgrundverordnung
DSL	Digital Subscriber Line (Digitaler Teilnehmeranschluss)
EconBiz	Recherche-Fachportal für Wirtschaftswissenschaften
EGBGB	Einführungsgesetz zum Bürgerlichen Gesetzbuch
IAS	Integral Ad Science
IGTV	Instagram TV
Inc.	Incorporated (Rechtsform Kapitalgesellschaft)

Abkürzungsverzeichnis

JIM	Jugend, Information, (Multi-) Media (Studie)
KI	Künstliche Intelligenz
KMU	Kleine und mittlere Unternehmen
ROMI	Return on Marketing-Investment
SEO	Search Engine Optimization
UGC	User Generated Content
USD	United States Dollar
UWG	Gesetz gegen den unlauteren Wettbewerb
WISO	Datenbank für Hochschulen
WiStG	Wirtschaftsstrafgesetz
WWW	World Wide Web

Abbildungsverzeichnis

Abbildung 1: Generationenzuordnung im Marketing 5

Abbildung 2: Die Entwicklung der Digitalisierung im Zeitverlauf 8

Abbildung 3: Geräteausstattung in deutschen Haushalten in 2018.. 11

Abbildung 4: Tägliche Onlinenutzung in Minuten 2007 - 2018 12

Abbildung 5: Aktivitäten im Internet – Schwerpunkt: Kommunikation 14

Abbildung 6: Transformation der Phasen der Customer Journey 24

Abbildung 7: Online-Offline-Integration in der neuen Customer Journey 28

Abbildung 8: Online-Offline-Integration in der neuen Customer Journey 30

Abbildung 9: Nutzerschwund bei Facebook im Zeitverlauf 2011-2018 34

Abbildung 10: Der News Feed von Adidas und Tagesschau 36

Abbildung 11: Anzahl der monatlich aktiven Instagram-Nutzer 2013-2018 39

Abbildung 12: Grundtendenzen der wichtigsten Sozialen Medien ... 40

Abbildung 13: Statistische Auswertung der Abonnentendaten 45

Abbildung 14: Im Post markierte Produkte mit dem Link zur Webseite 48

Abbildung 15: Kaufprozess über Checkout on Instagram 53

Abbildung 16: Die Nutzungsfrequenz Sozialer Netzwerke 60

Abbildungsverzeichnis

Abbildung 17: Branchenübergreifende Verteilung der Distributionen 69

Abbildung 18: Kosten für eine Werbeanzeige im Zeitverlauf............72

Abbildung 19: Wahrnehmung von Werbeanzeigen im Umfeld-Kontext..................79

Abbildung 20: Mögliche Unternehmensziele für Instagram-Marketing 82

Abbildung 21: Stärken-Schwächen-Analyse: Instagram vs. Facebook 84

Abbildung 22: Recherche nach dem Schneeballsystem............88

Tabellenverzeichnis

Tabelle 1: Veränderungen im Marketing von 1.0 bis 4.0............20

Tabelle 2: Identifizierte Literaturquellen der Jahre 2006 - 2019...... 90

Tabelle 3: Identifizierte statistische Quellen 2019................... 91

Tabelle 4: Identifizierte Artikel aus Zeitschriften/Magazinen 2007-2019.................92

Tabelle 5: Identifizierte Internetquellen 20013- 2019.............. 93

Kurzfassung / Abstract

In der vorliegenden Bachelorarbeit werden die Charakteristika und das Potenzial von Instagram als Marketing- und Vertriebskanal mittels eines systematischen Literatur-Reviews erforscht und dokumentiert. Darüber hinaus wird im Kontext von Marketing 4.0 und auf Basis der Ergebnisse einer Stärken- und Schwächenanalyse eine Empfehlung für eine effektive Social-Media-Marketing-Strategie ausgesprochen. Inspiriert wurde diese Arbeit durch die für 2020 geplante Einführung der Instagram-Checkout-Funktion. Diese erlaubt erstmals eine Integration aller Phasen des Kaufentscheidungsprozesses und transformiert das Soziale Netzwerk in einen zukunftsorientierten Vertriebskanal mit globaler Reichweite.

***

This bachelor thesis explores and documents the characteristics and potential of Instagram as a marketing and sales channel through a systematic literature review. Furthermore, in the context of Marketing 4.0 and based on the results of a strength and weakness analysis, a recommendation for an effective social media marketing strategy is given. This work was inspired by the introduction of the Checkout on Instagram function planned for 2020. For the first time, this function allows the integration of all phases of the purchase decision process and transforms the social network into a future-oriented sales channel with a global reach.

1 Einleitung

1.1 Themenrelevanz

Gegenwärtig ist es für Wirtschaftsunternehmen erfolgskritisch in der fragmentierten Medienlandschaft mit den zahlreichen Kommunikationskanälen und einer Informationsübersättigung, die Aufmerksamkeit der Zielgruppe zu gewinnen, um ihren Kaufentscheidungsprozess zu dirigieren. In dieser Zeit der Aufmerksamkeitsökonomie und der multiplen Nutzung von mobilen Endgeräten, verfehlt die klassische Werbung zunehmend ihre Wirkung.[1] Laut einer *Nielsen*-Umfrage schenken in der Ära der Sozialen Medien 83 Prozent der Konsumenten ihr Vertrauen den Empfehlungen von Freunden, Familie, Bekannten und nicht der Werbung.[2] Aus diesem Grund avancieren die Sozialen Netzwerke[3] immer stärker zu Hotspots der Markenkommunikation und die Influencer[4] zu authentischen Markenbotschaftern. Demzufolge gewinnen in vielen Industrien die Unternehmen große Marktanteile, die ihre Wettbewerbsstrategie auf digitalen plattformbasierten Ökosystemen aufbauen.[5]

---

[1] Vgl. Kobilke (2017) S. 10.
[2] Vgl. The Nielsen Company (2015), S. 4.
[3] Die Schreibung *Soziales Netzwerk/Soziale Medien* ist gedeckt durch §63 der Regeln des Rats für deutsche Rechtschreibung. Vgl. Leibniz-Institut für Deutsche Sprache (2019), o. S.
[4] In dieser Arbeit wird aus Gründen der besseren Lesbarkeit das generische Maskulinum verwendet. Weibliche und anderweitige Geschlechteridentitäten werden dabei ausdrücklich mitgemeint, soweit es für die Aussage erforderlich ist.
[5] Vgl. Dexheimer und Lechner (2019), S. 308.

Einleitung

Instagram ist ein solches Ökosystem: Es ist ein Soziales Netzwerk und eine kostenlose App zur Verbreitung von Fotos und Videos. Darüber hinaus bündelt es mobile, soziale und visuelle Kommunikation in einem Kanal und wird in naher Zukunft ein multifunktionaler Onlineshop mit globaler Reichweite sein. Denn am neunzehnten März 2019 informierte Mark Zuckerberg die Medienwelt darüber, dass der Mutterkonzern Facebook Inc., wozu das Tochterunternehmen Instagram gehört, im Geschäftsjahr 2019 das Thema Kommerzialisierung auf die Agenda setzt. Die angekündigte Funktion *Checkout on Instagram* ist ein Meilenstein auf dem Weg zum definierten Ziel.[6]

1.2 Zielsetzung

Die vorliegende Arbeit verfolgt das Ziel, durch ein systematisches Literatur-Review und basierend auf der Entwicklung der letzten zwei Jahre, das Marketing- und Vertriebspotenzial der Social-Media-Plattform Instagram aufzuzeigen.

In dieser Arbeit wird davon Abstand genommen, detailliert die Sozialen Medien und das Influencer-Marketing zu erörtern, da über die genannten Fachgebiete bereits reichlich Fachliteratur vorhanden ist. Für eine bessere Verständlichkeit werden die zuvor genannten Fachgebiete als Definition in den Kontext dieser Arbeit eingefügt. Parallel wird die Betrachtung der Zielgruppe, im Einklang mit dem Thema der vorliegenden Arbeit, auf die Entwicklung von *Instagram Shopping* angelehnt und vordergründig die digital affine und mobil vernetzte Generation Z fokussiert. Die generierten Forschungsergebnisse können als Basis für weitere wissenschaftliche Arbeiten fungieren und sind daher für das Fachpublikum als relevant anzusehen.

---

[6] Vgl. Instagram Business (2019), o. S.

1.3 Aufbau der Arbeit

Die vorliegende Arbeit ist in drei grundlegende Abschnitte gegliedert. Kapitel zwei erörtert die Veränderungen im Marketing durch die Digitalisierung. Bezugnehmend auf das Web 2.0 und die Generation Z in Kapitel 2.1, wird in Kapitel 2.2 die Erklärung für die Relevanz einer neuen Betrachtung der Customer Journey und die Notwendigkeit von Marketing 4.0 geliefert.

Die Kapitel drei und vier schildern Instagram als Marketing- und Vertriebsplattform. Kapitel 3.1 liefert Zahlen, Daten, Fakten und Kapitel 3.2 fokussiert die Shopping-Funktion. Kapitel 4.1 zeigt die Relevanz aus Unternehmenssicht und geht auf Charakteristika und den Mehrwert von Instagram ein, während Kapitel 4.2 die Herausforderungen und Risiken aufzeigt.

In Kapitel fünf sind die Durchführung und die Ergebnisse des Literatur-Reviews verschriftlicht. Abschließend wird diese Arbeit mit dem Fazit in Kapitel sechs analytisch resümiert und darauf aufbauend eine Handlungsempfehlung abgegeben.

2 Status quo im Marketing 4.0

2.1 Veränderung des Marketings durch Digitalisierung

Mit der voranschreitenden Digitalisierung wird das Marketingmanagement zunehmend mit der Erhebung und der Verwertung von personenbezogenen Daten und der Optimierung des Nutzererlebnisses entlang der Customer Journey konfrontiert. Leistungsstärkere Endgeräte und vielfältige Medienangebote schaffen innovative Kommunikations- und Vertriebswege und ermöglichen den Verbrauchern eine exzessive Nutzung der vielfältigen Marktangebote mit Hilfe von Multichannel-Touchpoints[7]. Die omnipräsente Smartphone-Nutzung und der stetige Fortschritt in den Bereichen Big Data[8], Künstliche Intelligenz und Data Mining[9] ermöglicht es den Wirtschaftssubjekten auf das sich schnell ändernde Konsumentenverhalten zeitnah reagieren und ihre Marketingaktivitäten zielgerichtet anpassen zu können.

---

[7] Als Touchpoints werden Interaktions- bzw. Berührungspunkte des Konsumenten mit dem Unternehmen bezeichnet. Vgl. Kotler, Kartajaya, Setiawan (2017), S. 35.

[8] „Große Mengen an Daten, die u.a. aus Bereichen wie Internet, Mobilfunk, Finanzindustrie [...] und aus Quellen wie Sozialen Medien, Kredit- und Kundenkarten [...] stammen und die mit speziellen Lösungen gespeichert, verarbeitet und ausgewertet werden". Bendel (2018).

[9] „Anwendung von Methoden und Algorithmen zur automatischen Extraktion empirischer Zusammenhänge zwischen Planungsobjekten, deren Daten in einer hierfür aufgebauten Datenbasis bereitgestellt werden". Lackes (2018).

In diesem Zusammenhang konzentrieren sich die Marketingfachleute zunehmend auf die junge, ab 1994 geborene Generation Z, als bevorzugte Zielgruppe (siehe Abbildung 1). Sie sind digital gut vernetzt, risiko- und experimentierfreudig und neuen Technologien gegenüber aufgeschlossen. Sie setzten Trends und werden als Jetzt-gleich-Verbraucher bezeichnet, die als *Game Changer* Einfluss auf Mainstream-Kunden ausüben.[10]

Abbildung 1: Generationenzuordnung im Marketing[11]

2.1.1 Digitalisierung – Die Grundlage für Soziale Medien

Der Ursprung und der Innovationstreiber der Digitalisierung ist das Internet. Kostengünstiger Internetzugang und neue Technologien wie Breitbandzugang, Glasfasernetz und die Weiterentwicklung der Mobilfunkstandards, haben ein Tor zu unbegrenzten Informations- und Datenmengen geöffnet. Lag die Zahl der Internetnutzer im Jahr 2007 noch bei 1,3 Mrd., verdreifachte sich diese bis zum Jahr 2018 auf fast vier Milliarden Nutzer. Vier von zehn Menschen auf der Welt sind vernetzt.[12] Allen voran hat die mobile Nutzung des Internets an Intensität zugenommen. So haben im Jahr 2018 über 91 Prozent der

---

[10] Vgl. Kotler et al. (2017) S. 47-50.
[11] Quelle: Absolventa (2019), o. S.
[12] Vgl. International Telecommunication Union (ITU) (2018), S. 13.

Nutzer von mobilen Endgeräten im Durchschnitt täglich 240 Minuten auf das Internet zugegriffen.[13]

Die digitale Evolution der Internetindustrie begann mit der Einführung des World Wide Web (WWW). Am 20. Dezember 1990 stellte Tim Berners-Lee, ein Wissenschaftler am *CERN*[14], die erste Website der Welt online:

http://info.cern.ch/hypertext/WWW/TheProject.html
Sie beinhaltete Information und Anekdoten zur Entstehung der Website. Es war die Geburtsstunde des World Wide Web.[15] Theoretisch konnte von nun an von jedem Computer mit Internetzugang auf Websites und deren Inhalte zugegriffen werden. Es handelte sich dabei um ein reines Bereitstellen von Informationen und Wissen. Das **Web 1.0** war geboren. Den Nutzern war es im Rahmen des Web 1.0 nur möglich, Inhalte zu konsumieren.[16]

Der Begriff **Web 2.0** wurde im Jahr 2005 durch die gleichlautende *Web 2.0 Conference* des Computerbuchverlages *O'Reilly Media* und den viel beachteten Artikel *What is Web 2.0* des Verlagsgründers und Softwareentwicklers Tim O'Reilly in der Öffentlichkeit verbreitet. Der Begriff Web 2.0 ist an die Softwaresprache angelehnt, in der die Kennung 2.0 die Folgeversion nach der Release-Version 1.0 bezeichnet. Das Wort Web bezieht sich auf den Internetdienst WWW.[17] Er beschreibt u.a. eine aktive Teilnahme der Nutzer und deren Mitge-

---

[13] Vgl. Frees und Koch (2018), S. 398.
[14] Das CERN, die Europäische Organisation für Kernforschung, mit Sitz in Genf in der Schweiz. Vgl. Deutschland.de (2015), o. S.
[15] Vgl. Deutschland.de (2015), o. S.
[16] Vgl. Bauer, A. (2019), o. S.
[17] Vgl. Lange (2007), S. 6.

staltung an Inhalten und Applikationen im Internet.[18] Das Web 2.0 bildet die technologische und ideologische Plattform für das Erstellen und Austauschen von medialen Inhalten, die von Endnutzern erstellt und veröffentlicht werden (engl. User Generated Content, UGC). Jeder Nutzer ist somit Konsument und Produzent zugleich. Das Web 2.0 führt zu einer globalen Veränderung der Kommunikationsmechanismen und zur Entstehung der Sozialen Medien.[19] Es wird von der *Boston Consulting Group* (*BCG*) auch als Transaktional Digital bezeichnet (siehe Abbildung 2). Allerdings darf die Entstehung der Sozialen Medien nicht ausschließlich auf die Technologische Komponente reduziert werden. Eine Vielzahl von Definitionen legt den Fokus auf die virtuelle Beziehungsebene, auf der die gegenseitige Interaktion und der Austausch von Inhalten stattfindet.[20] Hettler definiert den Begriff Social Media als „Persönlich erstellte, auf Interaktionen abzielende Beiträge, die in Form von Text, Bildern, Video oder Audio über Onlinemedien für einen ausgewählten Adressatenkreis [...] veröffentlicht werden."[21]

Web 3.0 stellt die Folgeversion von Web 2.0 dar. Der wesentliche Aspekt von Web 3.0, das auch Semantic Web genannt wird, ist die Fähigkeit die Informationen von Maschinen in logische Beziehungen zueinander zu bringen. Ein solches semantisches Web benutzt Mikroformate, Data Mining, maschinenunterstütztes Lernen und künstliche Intelligenz (KI), damit die Computer die Informationen verstehen, interpretieren und einordnen können. Wie bei Web 2.0 ist jeder Teilnehmer ein Prosument. Web 3.0 ermöglicht die Erstellung von

---

[18] Vgl. O'Reilly (2007), S. 18.
[19] Vgl. Bruhn und Hadwich(2015), S. 3.
[20] Vgl. Hettler (2010), S. 14, Pein (2014), S. 26.
[21] Hettler (2010), S. 14.

personifizierten Nutzerprofilen nach den Vorlieben des Nutzers und die Erschaffung von virtuellen Welten.[22] Es wird von der BCG auch als Sozial Digital bezeichnet (siehe Abbildung 2).

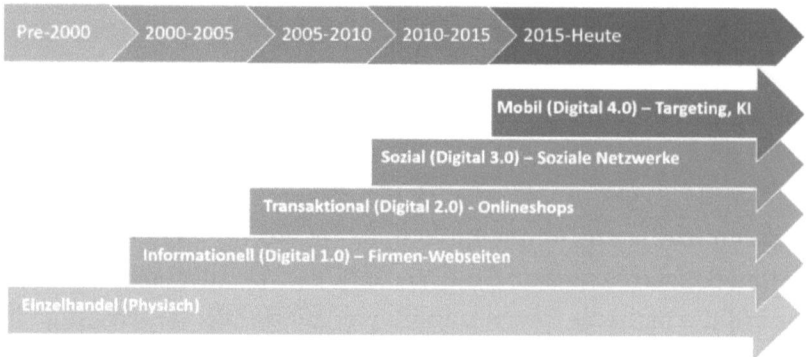

Abbildung 2: Die Entwicklung der Digitalisierung im Zeitverlauf[23]

Das Buzzword **Web 4.0** schwebt zwar bereits in den unendlichen Weiten des digitalen Raums, eine offizielle Definition dafür gibt es jedoch nicht. Zwar sind Themen wie *Digitale Vernetzung, Internet der Dinge, Künstliche Intelligenz* und *Mobilität 4.0* medial allgegenwärtig, es handelt sich hierbei jedoch nicht um einen evolutionären Entwicklungssprung, sondern um Entfaltung der Potenziale der Vorgängerversion. Es ist eine neue Qualität der Wertschöpfungsprozesse durch Kollaboration in Netzwerken und durch die unterstützende Intelligenz und Automatisierung von Prozessen, die die nächste Evolutionsstufe des Webs eingeläutet hat.[24]

---

[22] Vgl. Lipinski (2013), o. S.
[23] In Anlehnung an Abtan et al. (2016), S. 4.
[24] Vgl. Tamble' (2014), o. S.

Der wirkungsmächtigste Megatrend der Gegenwart ist Konnektivität (von engl. connectivity). Das Prinzip der Vernetzung dominiert den gesellschaftlichen Wandel und eröffnet ein neues Kapitel in der Evolution der Gesellschaft. Digitale Kommunikationstechnologien verändern heute das Leben grundlegend, reprogrammieren soziokulturelle Codes und lassen neue Lebensstile und Verhaltensmuster entstehen. Um diesen fundamentalen Umbruch erfolgreich zu begleiten, brauchen Unternehmen neue Netzwerkkompetenzen und ein ganzheitlich-systemisches Verständnis des digitalen Wandels.[25] Anderenfalls verlieren sie den Anschluss an die gut vernetzte und mobile Generation Z.

2.1.2 Medien-Nutzungsverhalten der Generation Z

Mobile Endgeräte, allen voran das Smartphone, sind ein ständiger Begleiter der vernetzten Konsumenten, vor allem der jungen Generation Z.[26] Mit der *JIM-Studie 2018* dokumentiert der Medienpädagogische Forschungsverbund Südwest zum zwanzigsten Mal seit 1998 das Medien- und Freizeitverhalten der Zwölf- bis Neunzehnjährigen in Deutschland und deckt damit die Generation Z und somit die Zielgruppe vieler Unternehmen, weitgehend und im Zeitverlauf ab. Die Studie bietet als Basisuntersuchung einen Überblick über die mediale Haushaltsausstattung der Jugendlichen in Deutschland und dokumentiert die wichtigsten Kennzahlen der Mediennutzung über die verschiedenen Gattungen. Ebenfalls beleuchtet sie die inhaltlichen Aspekte der Nutzung.[27]

---

[25] Vgl. Meier (2019), o. S.
[26] Generation Z wird in Kapitel 2.1 definiert.
[27] Vgl. Feierabend, Rathgeb, Reutter (2018), S. 2.

In den zurückliegenden Dekaden konnte eine grundlegende Änderung des Mediennutzungsverhaltens beobachtet werden. Im Jahr 1998 hatte das Internet keine Alltagsrelevanz, da nur 18 Prozent zu den Nutzern zählten. Auch ein Mobiltelefon war Ende der 90er Jahre eher die Ausnahme als die Regel. Lediglich acht Prozent hatten ein eigenes Handy.[28] Heute ist es unvorstellbar, wie das Internet ohne Google und YouTube funktionieren konnte und wie es überhaupt möglich war, im Freundeskreis ohne Smartphone und ohne die Kommunikation über Soziale Netzwerke und Messenger zurechtzukommen. All das ist heutzutage selbstverständlich und gehört zum Alltag.

Im Jahr 2018 erreichte die Ausstattung der Haushalte mit mobilen Endgeräten mit knapp 100 Prozent die Sättigungsgrenze. Die Abdeckung der Haushalte mit Smartphones lag bei 99 Prozent, mit Internetzugang bei 98 Prozent und mit Computer oder Laptop bei 98 Prozent. Das bedeutet, dass nahezu jeder heranwachsende Jugendliche digital und mobil vernetzt ist und über mehrere Geräte für den Onlinezugangs verfügt (siehe Abbildung 3).[29]

---

[28] Vgl. Feierabend et al. (2018), S. 65.
[29] Vgl. Feierabend et al. (2018), S. 6.

Status quo im Marketing 4.0

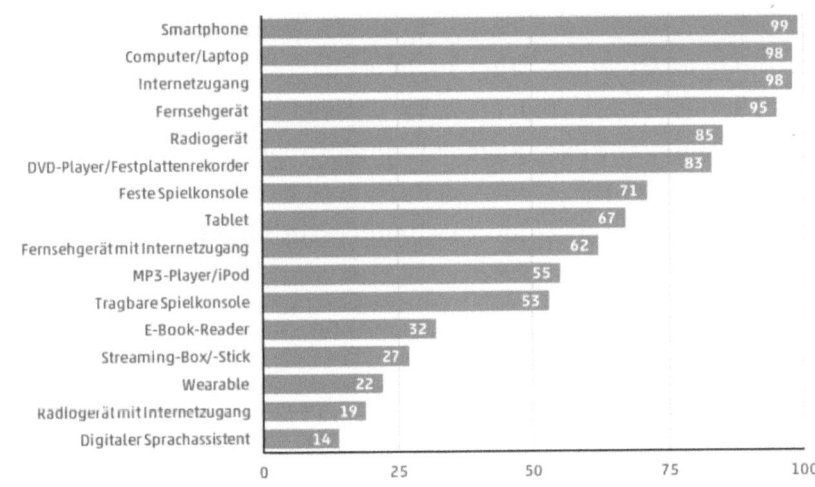

Abbildung 3: Geräteausstattung in deutschen Haushalten in 2018[30]

Dabei ist laut der Studie das Smartphone das Gerät, das mit 88 Prozent von den weiblichen und mit 71 Prozent von den männlichen Nutzern am häufigsten als Onlinezugang verwendet wird. An zweiter Stelle folgt bei den weiblichen Nutzern mit sechs Prozent das Laptop und bei den männlichen Nutzern der Computer mit 21 Prozent. Unabhängig vom Verbreitungsweg haben heute fast alle Befragten einen uneingeschränkten Zugang zum Internet. Und dabei hat sich die Nutzungsdauer gegenüber 2017 nochmals verlängert. Nahezu 91 Prozent, der im Rahmen der Studie Befragten, sind täglich im Netz unterwegs – im Vergleich zum Vorjahr ist es eine Steigerung um zwei Prozent. Dabei sind 93 Prozent der Mädchen und 90 Prozent der Jungen täglich online. Bei der Selbsteinschätzung des zeitlichen Aufwandes der Internetnutzung geben die Jugendlichen, nach dem recht

---

[30] Quelle: Feierabend et al. (2018), S. 6, Angaben in Prozent, Basis: alle Befragten in Deutschland, n=1.200.

deutlichen Zuwachs des Vorjahres um 21 Minuten, ihre durchschnittliche tägliche Nutzungsdauer im Jahr 2018 mit 214 Minuten und damit sieben Minuten weniger als im Vorjahr an. Im Verlauf der letzten zehn Jahre hat sich die tägliche Online-Nutzungsdauer mehr als verdoppelt. Im Schnitt und nach Selbsteinschätzung verbringt die Generation Z drei Stunden und vierunddreißig Minuten am Tag online (siehe Abbildung 4).[31]

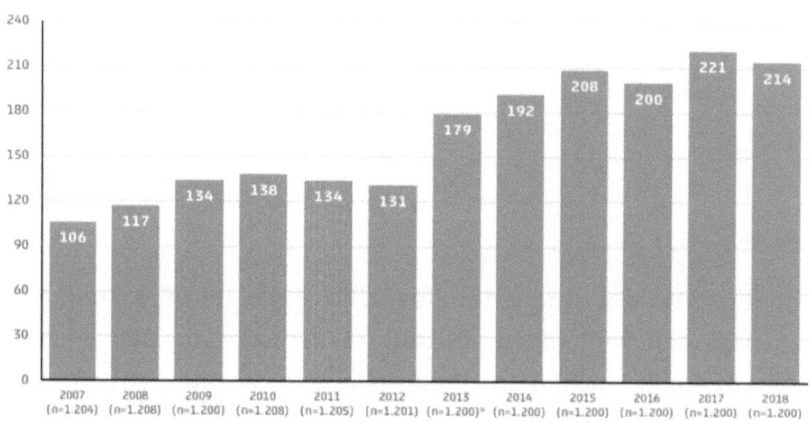

Abbildung 4: Tägliche Onlinenutzung in Minuten 2007 - 2018[32]

Die Liste der präferierten Online-Angebote wird mit deutlicher Führung vom Videoportal YouTube mit 63 Prozent angeführt, das für knapp zwei Drittel der Jugendlichen zu einem ihrer drei liebsten Internetangebote zählt. Den zweiten Platz belegt WhatsApp mit 39 Prozent und Platz drei geht an die Bild- und Video-Sharing-Plattform Instagram mit 30 Prozent. Auffällig sind dabei die gestiegene Beliebtheit von Serienanbieter Netflix, der mit einem Plus von zehn

---

[31] Vgl. Feierabend et al. (2018), S. 31.
[32] Quelle: Feierabend et al. (2018), S. 31, JIM 2007 – JIM 2018, Angaben in Minuten, Basis: alle Befragten in Deutschland, n=1.200.

Prozent den Vorjahreswert von acht Prozent mehr als verdoppelt hat und die stagnierende Beliebtheit der Social-Media-Plattform Facebook, die den Vorjahreswert mehr als halbiert hat und um neun Prozent, auf nur noch sechs Prozent gefallen ist. Beide Werte bilden in dieser Statistik die Ausreißer.[33]

Der Austausch von Nachrichten in Form von Text, Emojis, Fotos oder Bewegtbildern bildet ein zentrales Nutzungsmotiv der Kommunikation. Die Nutzung der Social-Media-Plattformen verfestigt sich kontinuierlich im Alltag der Jugendlichen. Die Liste potenzieller Dienste wird mit deutlichem Abstand von WhatsApp angeführt: 95 Prozent nutzen diesen Messenger mehrmals pro Woche. Instagram verzeichnet 67 Prozent der regelmäßigen Nutzer, Snapchat 54 Prozent und Facebook landet mit 15 Prozent auf dem vierten Rang. Der Vorjahresvergleich zeigt erneut ein deutliches Wachstum bei Instagram um zehn Prozent und auch die regelmäßige Nutzung von Snapchat hat sich um fünf Prozent erhöht. Facebook hat bei den Jugendlichen nochmals an Bedeutung verloren, und zwar um zehn Prozent gegenüber 2017 (siehe Abbildung 5).[34]

---

[33] Vgl. Feierabend et al. (2018), S. 34.
[34] Vgl. Feierabend et al. (2018), S. 38.

Status quo im Marketing 4.0

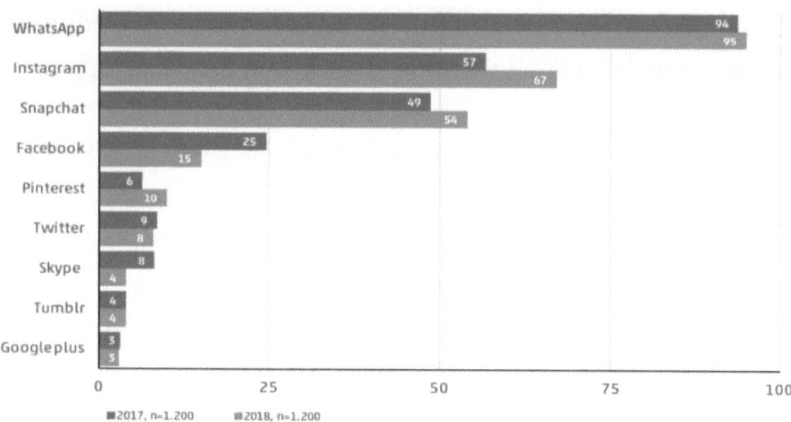

Abbildung 5: Aktivitäten im Internet – Schwerpunkt: Kommunikation[35]

Das auf den Ergebnissen der JIM-Studie basierende Mediennutzungsverhalten der deutschen Generation Z ist nahezu deckungsgleich mit dem der jungen Menschen in den USA, in Brasilien, Großbritannien und in weiteren Ländern der Welt und kann daher als repräsentativ angesehen werden.[36]

Erwiesenermaßen gehört die Generation Z zu den *Digital Natives*: Hineingeboren in das digitale Zeitalter, sind sie von frühester Jugend mit dem Internet, den Sozialen Netzwerken und den mobilen Systemen vertraut und bewegen sich im Web gezielt und selektiv auf den Kanälen ihres Vertrauens. Die digitale Evolution hat eine hyperkognitive Generation hervorgebracht. Diese sucht für sich den größtmöglichen Nutzen zu generieren, indem sie die Informationsquellen sammelt, vergleicht, um sie in ihre Online- und Offline-Erfahrungen

---

[35] Quelle: Feierabend et al. (2018), S. 31, JIM 2017, JIM 2018, Angaben in Prozent, Basis: alle Befragten, n= 1.200.
[36] Vgl. Francis und Hoefel (2018), S.1-18.

zu integrieren.[37] Aufmerksamkeitsdefizit durch *Information-Overload* und der Einsatz von Werbeblockern führen dazu, dass die klassische Werbung im Zeitalter der Konnektivität nicht mehr wahrgenommen wird und ihre Wirkung verfehlt.

2.1.3 Modifikation der klassischen Werbung

„Die Klassische Werbung ist tot"[38] - diese provokative These vertritt Raja Rajamannar, der internationale Marketingchef von Mastercard, und empfiehlt den Unternehmen neue Wege zu finden, um Kunden zu erreichen.[39]

Traditionell steht am Anfang einer Werbekampagne die Aufteilung des Marktes in homogene Gruppen, die auf ihrem geografischen, demografischen, psychographischen und verhaltensbezogenen Profil basiert. In der Fachsprache Segmentierung genannt. Auf die Segmentierung folgt die Zielgruppenbestimmung. Beide Aspekte ermöglichen eine effiziente Ressourcenallokation und eine Positionierung der Marke. Jedoch sind sowohl Segmentierung als auch die Zielgruppenbestimmung einseitige Entscheidungen, ohne die Einbindung der Konsumenten in den Entscheidungsprozess. Sie sind vergleichbar mit dem Sender-Empfänger-Model von Shannon und Waver[40], in dessen Rahmen die Kommunikation und das Werbeversprechen der Unternehmen eine unilaterale und formale Ausrichtung haben und ausschließlich dem Zweck der Beeinflussung der Kaufentscheidung dienen. Die Einbindung der Konsumenten ist auf den Input in die

---

[37] Vgl. Francis und Hoefel (2018), S. 1.
[38] Rajamannar (2018), o. S.
[39] Vgl. Rajamannar (2018), o. S.
[40] Vgl. Röhner und Schütz (2012), S. 21-22.

Ergebnisse der Marktforschung begrenzt.⁴¹ Als Folge dessen sinkt die Werbewirkung, da durch die Medienvielfalt und die Informationsflut potenzielle Kunden einer täglichen Reizüberflutung ausgesetzt sind. Täglich begegnen ihnen 8.000 bis 12.000 Werbebotschaften. Dafür ist auch die zunehmende Marken-, Produkt- und Servicevielfalt verantwortlich. Allerdings ist der Anteil der wahrgenommenen Informationen heute signifikant kleiner als ein Prozent. Besonders einseitige, für die Zielgruppe nicht relevante, Werbebotschaften werden einfach ausgeblendet.⁴²

Im gegenwärtigen konnektiven Zeitalter sind die Verbraucher mobil und in Sozialen Netzwerken miteinander verbunden. Die Communities sind die neuen Segmente. Jedoch anders als die traditionellen Segmente werden sie durch die Konsumenten gebildet und sind daher selbstbestimmend und gegen uninteressantes Push-Marketing immun. Um als Marke wahrgenommen und *gelikt* oder *geteilt* zu werden, muss sie eine Freundschaftsanfrage stellen, die von den Konsumenten nur in dem Fall bestätigt wird, wenn die Marke es schafft, Emotionen und Interesse der Konsumenten zu wecken.

Durch die Digitalisierung und die Sozialen Medien verändern sich die Mechanismen der Markenkommunikation. Die Wirtschaftswelt hat sich grundlegend verändert, Konsumenten stellen heute ganz andere Ansprüche an Unternehmen als noch vor 15 Jahren. Sie haben den Anspruch, als etwas Besonderes behandelt zu werden - als Soziale Individuen. Infolgedessen wollen sie medial ebenfalls individuell angesprochen werden. Digitale Schnittstellen bieten hierbei neue Interaktionswege zwischen einer Marke und den Nutzern. Das klas-

---

[41] Vgl. Kotler et al. (2017), S. 62-63.
[42] Vgl. Kreutzer (2016), S.10-12.

sische Sender-Empfänger-Modell wird durch eine „digitale, mehrdimensionale, multidirektionale und multisensorische Kommunikation"[43] ersetzt. Der Wert und die Wahrnehmung einer Marke werden demnach nicht mehr hauptsächlich durch das Marketing bestimmt, sondern zunehmend durch die Beurteilung und die Empfehlungen der Sozialen Netzwerke, denn authentische Kundenempfehlungen sind die denkbar beste Werbung.[44]

Das soll jedoch nicht heißen, dass die klassische Werbung tot sei. Beide Formen haben ihre Daseinsberechtigung und sollten wechselseitig, nach ihren Kompetenzen, in verschiedenen Phasen des Kaufentscheidungsprozesses eingesetzt werden. Tatsächlich reicht ein einziger Moment der unerwarteten Begeisterung, ein so genannter „Wow-Moment"[45], um aus einem Verbraucher einen Markenbotschafter zu machen. Diesen Moment zu erzeugen und die Wertversprechen von Marken zielgerichtet zu übermitteln, ist die Bestimmung im Marketing 4.0.

2.2 Was ist Marketing 4.0?

Marketing 4.0 ist die digitale Stufe in der Marketingentwicklung. Es beschreibt eine Phase des Marketings, in der die Digitalisierung und, in Anlehnung an Philip Kotler[46], zugleich die Menschenzentrierung im Mittelpunkt stehen und Online- und Offline-Interaktionen zwi-

---

[43] Haisch (2011), S. 82.
[44] Vgl. Haisch (2011), S. 82-83.
[45] Kotler et al. (2017), S. 204.
[46] Philip Kotler (Jahrgang 1931) ist ein US-amerikanischer Wirtschaftswissenschaftler und gilt als Begründer der modernen Marketing-Lehre. Sein Buch „Grundlagen des Marketings" gilt als das Standartwerk der Branche. Vgl. Schmellenkamp (2019), o. S.

schen Unternehmen und Konsumenten kombinieren. Die Nummerierung 4.0 resultiert aus der Versionierung von Software und wird hergeleitet aus der populär gewordenen Zusammenfassung von prägenden Trends im Internet, basierend auf der technologischen Entwicklung von Web 1.0 zu Web 3.0[47], die derzeit auf Phasenbeschreibungen in vielen Teilen der Gesellschaft angewandt wird.[48]

2.2.1 Machtverschiebung im Marketing

Im folgenden Kapitel wird angelehnt an Philip Kotler eine kurze Retrospektive des Marketings von Marketing 1.0 bis Marketing 4.0 kompakt skizziert und tabellarisch visualisiert (siehe Tabelle 1), um darauf aufbauend die Machtverschiebung zu verdeutlichen.

Im **Marketing 1.0**, auf der Zeitachse ab ca. 1950 angesiedelt und somit mitten im Wirtschaftswunder der Nachkriegszeit, sind die Marketingaktivitäten auf das Produkt ausgerichtet. Die Sicht auf den Kunden basiert auf der Befriedigung seiner Bedürfnisse. Der industrielle Aufschwung ist der Treiber, das primäre Marketingziel ist die klassische Produktwerbung und marktorientierte Unternehmensführung - die Kernkompetenz des Marketings.[49]

Mit **Marketing 2.0** erfolgte ab ca. 1970 eine grundlegende Umstellung von produktorientiertem auf verbraucherorientiertes Marketing. Jetzt steht der Konsument im Fokus der Marketingaktivitäten. Der Wettbewerb steigt und das primäre Marketingziel ist die Diffe-

---

[47] Siehe Kapitel 2.1.1 Digitalisierung – Die Grundlage für Soziale Medien.
[48] Vgl. Lies (2018), o. S.
[49] Vgl. Kotler et al. (2010), S. 43-46.

renzierung. Dieses verbraucherorientierte Marketing ist bis heute in weiten Teilen der Branche der Kern des Marketings.[50]

Mit dem **Marketing 3.0** rückt ab ca. 1980 der Mensch als ganzheitliches Individuum mit Kopf, Herz und Seele in den Mittelpunkt der Marketingaktivitäten. IBM stellt den ersten Personal Computer (PC) vor und legt in Kombination mit dem Internet den Grundstein für neue Medien und neue Marketingaktivitäten. Das Kundenmanagement mit Menschenzentrierung prägt nun das Marketing.[51]

Marketing 4.0 (ab ca. 2010) wird durch die Digitalisierung und die Sozialen Medien dominiert. Die technische Entwicklung hat in den 30 Jahren von Marketing 3.0 zu Marketing 4.0 einen großen Sprung gemacht.[52] Die Konvergenz, der in den letzten Jahren zusammengelaufenen Technologien, hat die Marketingpraxis auf der ganzen Welt beeinflusst und neue Trends zu Tage gefördert, wie z. B. Content Marketing, Customer-Relationship-Management (CRM), social CRM, Now Economy und Sharing Economy. Philip Kotler geht davon aus, dass die technische Konvergenz letztlich zu einer Konvergenz zwischen dem digitalen und dem klassischen Marketing führen wird und folglich Online- und Offline-Interaktionen zwischen Marken und Konsumenten kombiniert.[53]

---

[50] Vgl. Kotler et al. (2010), S. 46-49.
[51] Vgl. Kotler et al. (2010), S.50-53.
[52] Siehe Kapitel 2.1 Veränderung des Marketings durch Digitalisierung.
[53] Vgl. Kotler et al. (2017), S. 12-14.

	Marketing 1.0	Marketing 2.0	Marketing 3.0	Marketing 4.0
Ausrichtung	Produkt	Konsument	Werte	Verhalten
Ziele	Produktwerbung	Kunden gewinnen	Beziehungen	Engagement
Kundenbetrachtung	Bedürfnisbefriedigung	Mensch	Herz, Geist, Seele	Markenbotschafter
Fokus	Markt	Differenzierung	Kundenbindung	Vernetzung
Nutzen	funktional	funktional-emotional	emotional-geistig	sozial
Orientierung	Spezifikation	Positionierung	Vision, Mission	Kollaboration
Treiber	Industrialisierung	IT	Neue Medien	Digitalisierung

Tabelle 1: Veränderungen im Marketing von 1.0 bis 4.0[54]

Damit wendet sich das Marketing methodisch von der Verkaufsorientierung ab und dem Customer-Relationship- und Image-Management zu. Die Digitalisierung führt zu einer Online-Offline-Integration in der Kommunikation und die Derivatproduke des Internets verschaffen den Konsumenten Transparenz. So holen sich die Kunden beispielsweise per Smartphone Information über ein Produkt (Online), während sie es im Ladenlokal betrachten (Offline). Der Einsatz von Marketing-Automationen, wie z. B. Big-Data-Analysen mit den Möglichkeiten zur Personalisierung von Produkten, erleich-

---

[54] Eigene Darstellung nach dem Text von Kotler et al. (2010), S. 43-53, (2017), S. 12-14.

tert die individualisierte Kundenansprache und ermöglicht die Kundenzentrierung.

Die Menschen von heute sind Zeitzeugen einer Machtverschiebung, die nicht nur die Werbebranche, sondern allmählich auch die Gesellschaft betrifft: Die älteren, meist männlichen Primusse werden herausgefordert durch Meinungsführer von Sozialen Gruppen, wie es das jüngste Beispiel des Youtubers Rezo im Folgenden veranschaulicht. Der blauhaarige Influencer veröffentlichte sein Video *Die Zerstörung der CDU* auf seinem YouTube-Kanal und trat damit einen medialen Aufruhr los wie kaum ein deutscher Youtuber zuvor. Das Video schaffte es in sämtliche Nachrichtensendungen und wurde auf politischer Ebene Gegenstand intensiver Debatten. Rezo generierte damit 16,4 Millionen Views und wurde erfolgreichster deutscher Youtuber 2019.[55]

Gegenwärtig lassen sich die jungen Menschen eher auf Twitter, YouTube und Facebook von *Bürgerjournalisten* über aktuelle Themen informieren, anstatt von renommierten Tageszeitungen und seriösen Nachrichtensendern.[56] Inzwischen verlagert sich die Macht von einzelnen Personen der Chefetagen in Richtung vernetzter Gruppen und somit auf das mit 2,7 Mrd.[57] Netzbürgern bevölkerungsreichste Land der Erde: die *United States of Facebook Inc.*[58]

---

[55] Vgl. Christe (2019), o. S.
[56] Vgl. Kotler et al. (2017), S. 18.
[57] Vgl. Horizont Online (2019): Facebook macht 6,1 Milliarden Dollar Gewinn - im Quartal.
[58] Zu Facebook Inc. gehört u. a. Facebook, WhatsApp und Instagram, siehe hierzu Kapitel 3.1.1 Instagram in Zahlen.

Die Erkenntnisse dieses Kapitels resümierend lässt sich schlussfolgern, dass das Marketing 4.0 die Aufgabe inne hat, diese gut informierten und vernetzten Konsumenten auf ihrem Weg von der Wahrnehmung einer Marke bis zur gewünschten Handlung zu begleiten, ihre Customer Journey an die Veränderungen der digitalen Wirtschaft permanent anzupassen und während des gesamten Prozesses ein hohes Nutzererlebnis zu gewährleisten.

2.2.2 Customer Journey 4.0

„Der Begriff Customer Journey bezeichnet im Marketing 4.0 die *Reise* (engl. Journey) eines potenziellen Kunden über verschiedene Kontaktpunkte mit einem Produkt, einer Marke oder einem Unternehmen (engl. Touchpoints), bis er eine gewünschte Zielhandlung durchführt"[59], auch Kaufentscheidungsprozess genannt. Die Touchpoints sind jede Art von Kontaktpunkten, wie z. B. klassische Werbung (Print, TV, Radio etc.), Onlinemarketing-Maßnahmen (Homepage, E-Mail, SEA etc.), sowie die Meinung eines Freundes bzw. Informationen von Bewertungsportalen. Eine Customer Journey kann sich über mehrere Stunden oder Tage erstrecken. Gängige Zielhandlungen sind Kauf, Bestellung, Anfrage und Empfehlung.[60]

Eines der ersten, bis heute noch verbreiteten Modelle eines Kaufentscheidungsprozesses, ist das Vier-Phasen-Modell *AIDA*, dessen Verfasser nicht eindeutig identifiziert ist und das u.a. auf E. St. Elmo Lewis und das Jahr 1903, also weit in das präkonnektive Zeitalter zurück geht.[61] Demnach sollen Werbetexte und Verkaufsargumente

---

[59] Mattscheck (2019), o. S.
[60] Vgl. Mattscheck (2019), o. S.
[61] Vgl. Hildebrandt (2018), S 40-47.

Aufmerksamkeit erregen (engl. Attention), Interesse wecken (engl. Interest), einen Besitzwunsch auslösen (engl. Desire) und letztendlich zu einer Handlung animieren (engl. Action) (siehe Abbildung 6).[62] Aus heutiger Sicht, sowie im Hinblick auf die Potenziale der Konnektivität und der Digitalisierung, kann das Modell wegen seiner Einfachheit, lediglich als Checkliste fungieren.

Ein neueres Vier-Phasen-Modell erfasst zusätzlich das Kundenverhalten nach dem Kauf und ermöglicht eine Messung der Kundenbindung. Die AIDA-Abwandlung von Derek Rucker, die als *vier As* bezeichnet wird, fasst Interesse und Besitzwunsch unter *Einstellung* (engl. Attitude) zusammen und führt mit *Act again* eine neue Phase hinzu (siehe Abbildung 6). Dieses Modell beschreibt einen trichterartigen Prozess, den Konsumenten bei der Bewertung von Marken in ihrer Erwägungssituation durchlaufen: Erfahren von der Marke (engl. *Aware*); sie mögen sie oder lehnen sie ab (engl. *Attitude*); sie beschließen, ob sie sie kaufen (*Act*) und ob es sich lohnt, sie wieder zu kaufen (*Act again*). Mit jeder Phase nimmt die Zahl der Konsumenten, die diesen Trichter durchlaufen, ab. Den Haupteinfluss, auf dem Weg zu einer Entscheidung, üben auf den Konsumenten die Schnittstellen zum Unternehmen aus. Solche Touchpoints können z.B. Fernsehwerbung in der Aware-Phase, Verkaufspersonal in der Act-Phase, Kunden-Service in der Act-again-Phase sein. Und alle drei Phasen unterliegen dem Einfluss der Unternehmen. Auch dieses Modell entstammt dem präkonnektiven Zeitalter, indem der Konsument individuell seine Einstellung zur Marke bestimmt hat. Seine Loyalität

---

[62] Vgl. Kotler et al. (2017), S 76.

wurde als Kundenbindung definiert und als Trigger für den erneuten Kauf betrachtet.[63]

Im konnektiven Zeitalter, also gegenwärtig, wird der Reiz einer Marke vom sozialen Umfeld des Konsumenten beeinflusst. Seine Loyalität wird als Bereitschaft zur Weiterempfehlung definiert. Dabei reicht eine reine Empfehlung aus und impliziert nicht zwangsläufig einen vorangegangenen Kauf (Act), d. h. es kann eine oder mehrere Phasen übersprungen werden. Geht es um Markenwissen, suchen sich die Konsumenten Informationen im Netz und schalten sich mit anderen Konsumenten zusammen, die fundiertere Kenntnisse und mehr Erfahrung aufweisen. Je nach Resonanz, kann an dieser Schnittstelle die Attraktivität einer Marke gesteigert oder gemindert werden. Basierend auf diesen Erkenntnissen sollte die Customer Journey an das konnektive Zeitalter angepasst und neu gestaltet werden.

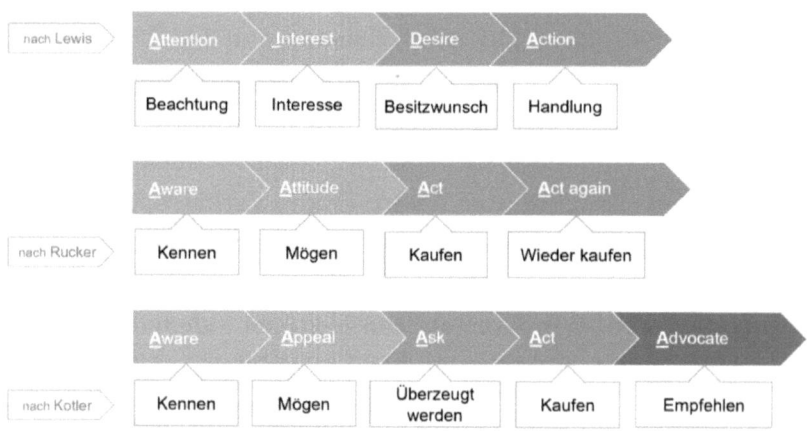

Abbildung 6: Transformation der Phasen der Customer Journey[64]

---

[63] Vgl. Rucker und Petty (2006), S 29-52.

Philip Kotler greift diese Problemstellung auf und passt das Modell von Rucker entsprechend an – nämlich als die *fünf As*: *Aware, Appeal, Ask, Act, Advocate* (siehe Abbildung 6). In der Aware-Phase ist der konnektive Konsument passiv einer Vielzahl von Marken ausgesetzt, die durch Marketingkommunikation, Erfahrungen und Empfehlungen anderer in sein Bewusstsein gelangen. Hierbei üben die Sozialen Netzwerke und Bewertungsportale einen großen Einfluss aus. Angezogen wird der Konsument jedoch von einer kleinen Auswahl von Marken, die es durch einen Wow-Faktor geschafft haben, in der Appeal-Phase in die engere Auswahl zu rücken. Dabei reagieren junge Konsumenten stärker auf die Attraktivität einer Marke und probieren eher neue Produkte aus. Ist die Neugier geweckt, beginnt die Ask-Phase, in der die Konsumenten aktiv bei Freunden, Familie, in Sozialen Netzwerken oder direkt bei den Marken über die bevorzugten Produkte recherchieren.[65]

Die Ask-Phase wird aus Sicht der Unternehmen durch die Integration von Offline- und Online-Welt komplizierter. Die konnektiven Konsumenten gehen während des Shopping-Trips online und rufen auf verschiedenen Kanälen Informationen/Meinungen über das Produkt ab und vergleichen die Preise. Deswegen müssen die Unternehmen zumindest in den populärsten Kanälen präsent sein und das Nutzererlebnis (engl. User Experience) zur vollen Zufriedenheit der Kunden gestalten. Lassen sich die Konsumenten in der Ask-Phase durch eingeholte Informationen überzeugen, entschließen sie sich zu handeln und treten damit in die Act-Phase ein. Dabei soll der Konsument das Produkt nicht nur kaufen, sondern mit der Marke auf vielen Ebe-

---

[64] Eigene Darstellung nach Lewis, Rucker und Kotler.
[65] Vgl. Kotler et al. (2017), S 78-83.

nen, auch nach dem Kauf, interagieren. Defacto sollte die Marke die Gesamterfahrung des Konsumenten positiv gestalten, um positiv in seinem Gedächtnis zu bleiben und ein Loyalitätsgefühl zu erzeugen. Das ist die Advocate-Phase: Aktive Befürworter empfehlen die Marke, die sie mögen, unaufgefordert und spontan weiter.[66]

Die Reihenfolge der fünf Phasen ist nicht fix und kann individuell durch den Konsumenten geändert oder übersprungen werden. So kann es vorkommen, dass eine Marke zunächst als unattraktiv empfunden wird und nach einer positiven Empfehlung durch ein Soziales Netzwerk oder Freunde trotzdem gekauft wird, weil dieser Personengruppe Vertrauen geschenkt wird. Wiederum kann ein Konsument die Ask-Phase auslassen und auf der Grundlage der ersten Wahrnehmung, weil diese Begeisterung ausgelöst hat, einen Spontankauf tätigen. Das ist beispielsweise beim Shopping in den Sozialen Netzwerken eine gängige Vorgehensweise.

2.2.3 Verzahnung des traditionellen mit dem digitalen Marketing

Das neue Fünf-Phasen-Modell von Kotler ist ein flexibles, auf alle Branchen anwendbares Modell und ermöglicht den Unternehmen ein genaueres Bild des Konsumentenverhaltens in der konnektiven Konsumgesellschaft zu skizzieren. Es ist ein Ansatz, der ebenfalls die Online- und Offline-Interaktionen zwischen dem Unternehmen und dem Konsumenten in der Customer Journey kombinieren lässt, indem die Instrumente des klassischen und des digitalen Marketings in die einzelnen Phasen, entsprechend ihrer Gewichtung, integriert werden können (siehe Abbildung 7). Dabei macht Kotler deutlich,

---

[66] Vgl. Kotler et al. (2017), S 78-83.

dass das Brand-Engagement, also die Verbundenheit mit einer Marke am stärksten durch die digitalen Marketingmaßnahmen erreicht wird und die Wahrnehmung einer Marke auch weiterhin mit klassischem Marketing gute Ergebnisse erzielt.[67]

---

[67] Vgl. Kotler et al. (2017), S 69-71.

Status quo im Marketing 4.0

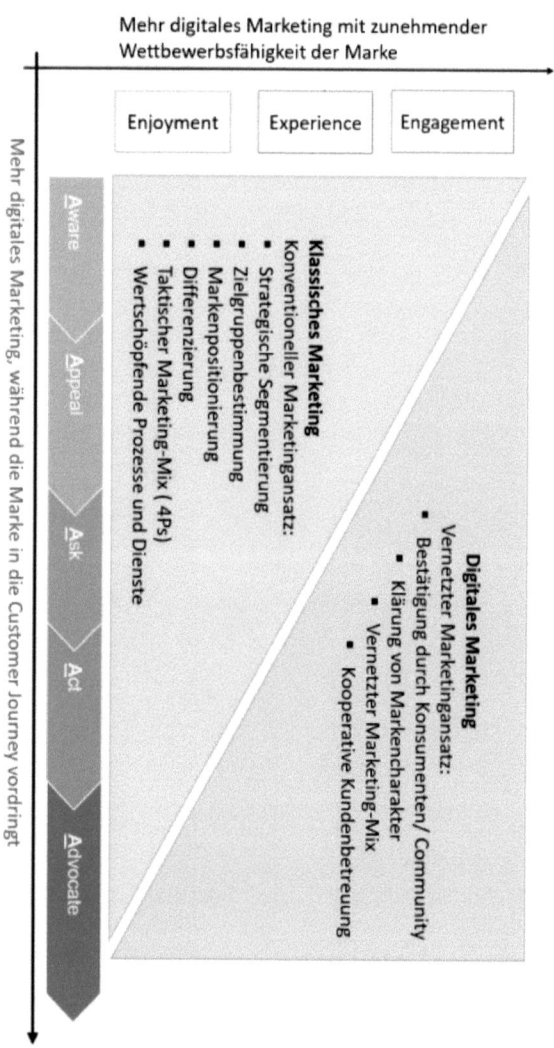

Abbildung 7: Online-Offline-Integration in der neuen Customer Journey[68]

---

[68] Darstellung nach Kotler et al. (2017), S 70.

Um zu entscheiden, welche Kanäle für einen effizienten Media-Mix genutzt werden sollen, ist es notwendig, die Ziele des Unternehmens und die Zielgruppe genau zu kennen. Nur dann führen die Marketingmaßnahmen zum gewünschten Erfolg. Während der Umstellung des Marketingkonzeptes auf den Multichannel-Ansatz ist das Modell von Kotler für Marketingmanager ein hilfreiches Tool, um sowohl klassische als auch digitale Touchpoints, in allen fünf Phasen in einem Modell abbilden zu können. Die in Abbildung 8 vorgeschlagenen Touchpoints stellen lediglich eine willkürliche Auswahl der vorhandenen Möglichkeiten dar. Dabei soll der Fokus auf den Touchpoint Social Media gelenkt werden, der bereits vier Phasen der Customer Journey abdeckt (siehe Abbildung 8). Gleichzeitig soll dadurch verdeutlicht werden, dass die Grenze zwischen online und offline an Bedeutung verliert, da die Konsumenten zunehmend mobiler und kanalagnostischer sind. Sie wechseln von einem Kanal zum anderen und erwarten von einer Marke eine gleich hohe Erfahrung auf allen Kanälen. Der letzte Schritt auf der neuen Customer Journey ist aus Sicht eines Unternehmens der wichtigste: der Schritt von der Act- zu der Advocate-Phase, oder auch der Schritt vom Gelegenheitskäufer zum treuen Markenbotschafter. Es ist der Schritt, der Digital-Marketing gegenüber dem Klassischen hervorhebt.

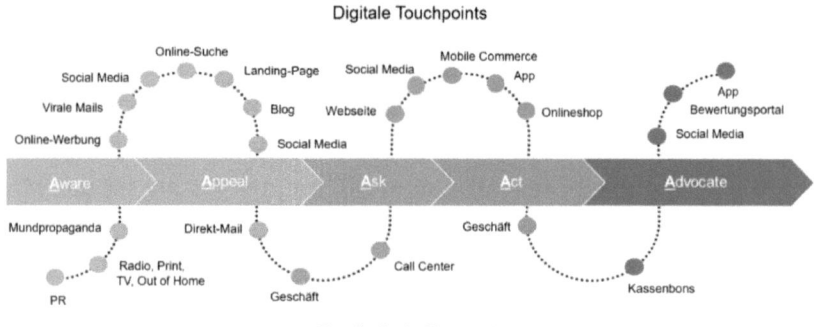

Abbildung 8: Online-Offline-Integration in der neuen Customer Journey[69]

Spätestens in diesen Schritt gehören Customer-Engagement-Aktivitäten in das Multichannel-Portfolio, die nur das digitale Marketing zu bieten hat, wie z. B. eine App, Social CRM, Einsatz von Gamification-Elementen[70]. Alle drei Faktoren werden bereits gegenwärtig von einigen Unternehmen erfolgreich eingesetzt und gehören, nach den Ergebnissen der *Deloitte-Studie*, zu den drei von sieben globalen *Marketing-Trends 2020*[71]. Die Studie kommt zu dem Ergebnis, dass im kommenden Jahr die Mensch-Fokussierung von größter Wichtigkeit für die Marketingaktivitäten sein wird und stützt damit die These von Kotler über die Menschenzentrierung im Marketing 4.0.[72] Trends wie *Agility* (Reaktionsschnelligkeit und proaktives Engagement), *Human Experience* (die menschliche Dimension einer Marke)

---

[69] Eigene Darstellung mit PowerPoint.
[70] „Bei der Gamification (Spielifizierung) werden spieltypische Elemente in einem spielfremden Zusammenhang verwendet. Bei Online Shops […] zählt die Gamification zu den großen Trends. Auf diese Art bringen Unternehmen einem potenziellen Kunden ein Produkt auf spielerische Art näher." Peters (2018), o. S.
[71] Vgl. Schültke und Legler (2019), S. 1-72.
[72] Siehe Kapitel 2.2.1 Machtverschiebung im Marketing.

und *Participation* (Kunde als interagierender Partner einer Marke) werden dem Siegeszug der Digitalisierung den menschlichen Touch geben und die Etablierung des Multichannel-Marketings voran treiben.[73] Gegenwärtig betreiben lediglich 49 Prozent der deutschen Unternehmen Multichannel-Marketing.[74] Was die Frage nach der Effizienz der Ressourcenallokation aufwirft.

---

[73] Vgl. Schültke und Legler (2019), S. 3.
[74] Vgl. Schwarz (2019), S. 1-66.

3 Marketing- und Vertriebsplattform Instagram

3.1 Soziale Foto- und Videosharing-App Instagram

Am 6. Oktober 2010 luden die Entwickler Kevin Systrom und Mike Krieger die erste Foto- und Videosharing-App Instagram in den Apple-Store hoch. Zwei Jahre später, im Jahr 2012, wurde die App auch für Android-Nutzer zur Verfügung gestellt. Kurz nach dem Release der Android-Version kaufte Facebook Inc. Instagram für eine Milliarde US-Dollar. [75]

„Bilder sind in der Lage ganze Botschaften zu transportieren und selbst komplizierte Sachverhalte einfach darzustellen"[76]

Gemessen an Facebook erhöhen Bilder die Interaktion zwischen Marke und Konsument um 120 bis 180 Prozent [77], was den steigenden Trend für Bildwelten in Social-Media-Kanälen erklärt. Als Mark Zuckerberg im Jahr 2012 fast im Alleingang eine Milliarde Dollar für ein zwei Jahre altes Start-up mit 13 Mitarbeitern, 30 Millionen Nutzern und ohne Umsätze ausgab, leisteten sowohl Investoren wie auch firmeninterne Weggefährten, Widerstand. Der Deal erschien nach damaligen Maßstäben irrsinnig, da sich der geschätzte Wert lediglich auf 715 Mio. USD[78] belief. Doch der zunehmende Erfolg der

---

[75] Vgl. Pettauer (2015),S. 2.
[76] Pein (2014), S. 400.
[77] Vgl. Pein (2014), S. 400.
[78] Vgl. Jacobsen (2018), o. S.

Plattform begründet seine Entscheidung aus heutiger Sicht. Meldeten sich am ersten Tag nur 25.000 Nutzer an, waren es ein Jahr später, im Jahr 2011, bereits zwölf Millionen Instagrammer -und heute nutzen weltweit über eine Milliarde Menschen monatlich die Soziale Plattform.[79] Über ein Drittel der regelmäßigen Instagram-Nutzer sind zwischen 18 und 34 Jahren alt und befinden sich damit in der Gruppe der Nutzer, in der Facebook selbst im vergangenen Jahr sehr viel Reichweite eingebüßt hat. Das zeigt der *Social-Media-Atlas 2018/2019* der Hamburger Kommunikationsberatung *Faktenkontor* und des Marktforschers *Toluna*. Mit 49 Prozent ist zum ersten Mal lediglich knapp jeder zweite Internet-Nutzer zwischen 16 und 19 Jahren auf Facebook aktiv (siehe Abbildung 9). Seit 2014 hat sich die Zahl dieser Nutzergruppe nahezu halbiert.[80]

---

[79] Vgl. Fasse (2019), S. 9.
[80] Vgl. Heintze (2019), o. S.

Marketing- und Vertriebsplattform Instagram

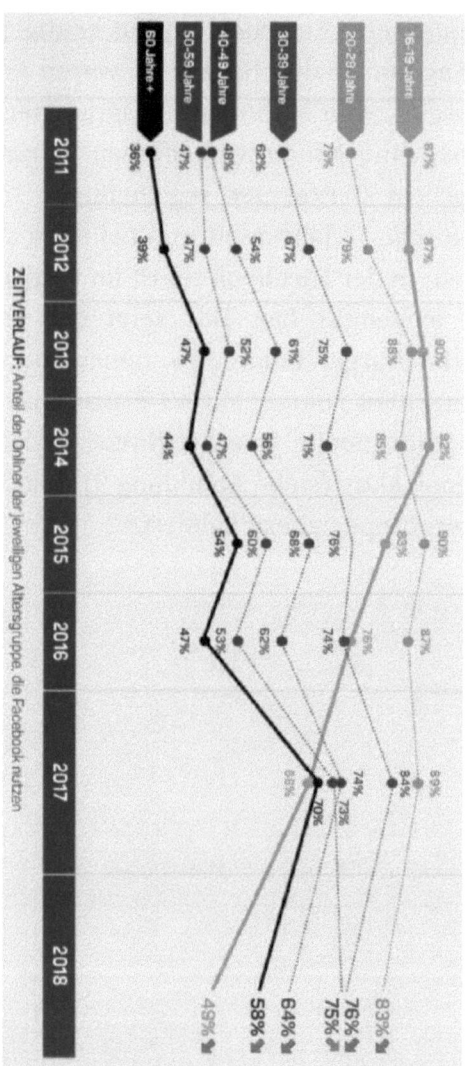

Abbildung 9: Nutzerschwund bei Facebook im Zeitverlauf 2011-2018[81]

---

[81] Quelle: Heintze (2019), o. S.

Über 70 Prozent aller Teenager in den USA sind bei Instagram angemeldet, Facebook selbst kommt auf nur noch 50 Prozent. Zuckerbergs Eine-Milliarde-Dollar-Akquisition erweist sich als das beste Investment der Firmengeschichte. Instagram ist dank seines Erfolgs bei der jungen Generation aktuell die größte Wachstumshoffnung für den Mutterkonzern[82] und nach Einschätzung von *Bloomberg Intelligence* hat sich der Wert von Instagram auf der Basis der Analysedaten unterdessen auf mehr als 100 Mrd. USD erhöht.[83]

Das Erfolgsgeheimnis von Instagram ist zum einen in der menschlichen Natur begründet, denn visueller Content wirkt auf emotionaler Ebene und schafft eine Verbindung zum Rezipienten auf eine Weise wie es einem Text kaum gelingt. Unser Gehirn verarbeitet visuelle Informationen 60.000 Mal schneller als das geschriebene Wort.[84] Fotos generieren Erinnerungen, wecken Interesse und fördern Engagement und Interaktion: Nutzer *liken, kommentieren* und *teilen* sie. Außerdem fungieren visuelle Inhalte in einer globalen Welt als universelle Sprache, die über Grenzen hinweg ihre Botschaft übertragen und die Ära des *visuellen Storytellings* mitgestalten.

Das zweite Erfolgsrezept ist in der Struktur der Plattform begründet. Die Zentralität des Contents mit der Anzeige von jeweils nur einem Foto, minimalistische Buttons, gedeckte Farbtöne und keine störende Bannerwerbung, gewährleisten zum Zeitpunkt der Betrachtung die volle Aufmerksamkeit des Nutzers für den Content und schenken ihm seinen emotionalen Moment (siehe Abbildung 10).[85]

---

[82] Vgl. Fuest (2019a), o. S.
[83] Vgl. Jacobsen (2018), o. S.
[84] Vgl. Matthiesen (2019), S. 10.
[85] Vgl. Matthiesen (2019), S. 11.

Marketing- und Vertriebsplattform Instagram

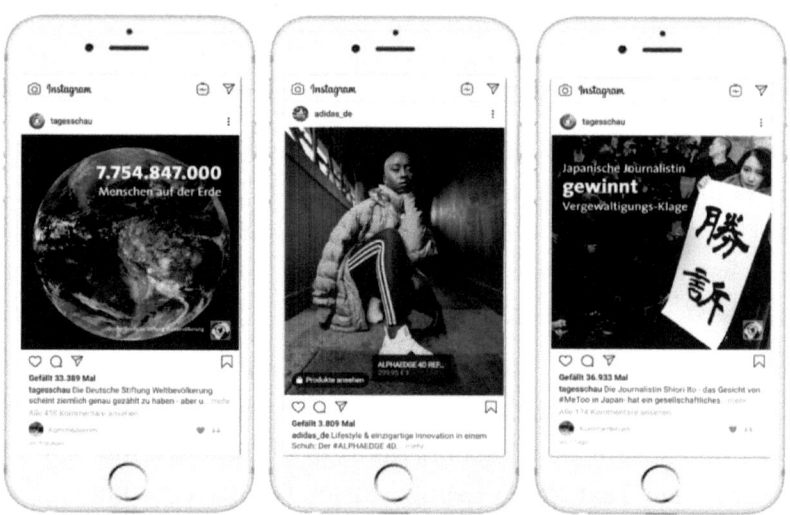

Abbildung 10: Der News Feed von Adidas und Tagesschau[86]

Und das dritte Erfolgsrezept ist der freundschaftliche und intime Aspekt des Netzwerks. Werden die jungen Menschen nach ihrer Freizeitbeschäftigung gefragt, so geben 94 Prozent der Befragten die Smartphone-Nutzung und 67 Prozent Instagram an (siehe Abbildung 5, Kapitel 2.1.2). Damit wird Instagram an zweiter Stelle nach WhatsApp positioniert und als eine Freizeitbeschäftigung wahrgenommen.[87] Auf Instagram werden Spaß, Urlaub, Missgeschicke, sportliche Aktivitäten, Kochkünste und vieles mehr mit der Community geteilt und somit ein Großteil seines Privatlebens preisgegeben. Menschen mit ähnlichen Interessen finden auf Instagram barrierefrei zueinander, denn gesprochen wird hauptsächlich *Emoji* und *Hashtag* in Verbindung mit maximum 2.200 Zeichen Text. Die Tonalität ist in

---

[86] Quelle: Screenshot des eigenen Profils auf Instagram mit dem Content von *adidas* und Tagesschau.
[87] Vgl. Feierabend, Rathgeb, Reutter (2018), S. 31.

der Regel wertschätzend, die Kommentare überwiegend lobend und anerkennend. Instagram fördert den positiven Blick auf das Leben und die Natur, auch wenn kritische Stimmen eher das Gegenteil vermuten. Neben Stars und Prominenten haben die Instagrammer die meisten Anhänger, die die Schönheit von Mensch, Natur und alltäglichen Momenten hervorheben. Das schärft wiederum den eigenen Blick für die schönen Momente.[88]

Gegenwärtig ist Instagram eine etablierte Social-Media-Plattform mit enormer Reichweite und mit Wachstumspotenzial. Inwiefern die Unternehmen davon profitieren können und warum es sinnvoll ist, sich gerade jetzt das Potenzial, das Instagram für Marketing und Vertrieb bietet, zu erschließen und Ressourcen in diesen Kanal zu investieren, wird in den folgenden Kapiteln beschrieben.

3.1.1 Instagram in Zahlen

Instagram ist eine kostenlose, auf das Wesentliche reduzierte Foto- und Videosharing-App. Sie gehört neben Facebook, Facebook Messenger, WhatsApp und Oculus zu der im Jahr 2004 gegründeten und 2012 an die Börse gegangenen Facebook Inc. mit Sitz in Kalifornien. Im Geschäftsjahr 2018 machte das Unternehmen einen Umsatz von 55,8 Mrd. USD, einen Gewinn von 22,1 Mrd. USD, beschäftigte 35.587 Mitarbeiter und hatte weltweit 2,7 Mrd. Nutzer täglich. Gründer und CEO ist Mark Zuckerberg.[89] Um die Reichweite von Instagram ansatzweise zu beschreiben, helfen folgende Fakten[90]:

---

[88] Vgl. Kobilke (2017), S. 15.
[89] Vgl. Institut für Medien und Kommunikationspolitik (IfM) (2019), o. S.
[90] Vgl. Firsching (2019a), o. S.

- 1 Mrd. Nutzer weltweit
- 19 Mio. Nutzer in Deutschland
- 500 Mio. täglich aktive Nutzer
- 95 Mio. Fotos und Videos werden täglich hochgeladen
- 130 Mio. *Instagram-Shopper*
- 32 min. ist die Verweildauer eines Nutzers unter 25 Jahren und 24 min. eines Nutzers über 25 Jahren
- 25 Mio. Unternehmensprofile
- 200 Mio. Nutzer rufen Unternehmensprofile täglich auf
- 2/3 Besucher eines Unternehmensprofils sind keine Follower
- 57 Prozent der deutschen Unternehmen nutzen Instagram
- 1/3 der meistgesehenen Stories kommt von Unternehmen

Die progressive Entwicklung der weltweiten Nutzerzahlen von Instagram hat die Erwartungen von Analysten weit übertroffen, denn der Meilenstein von einer Milliarde Nutzern wurde ursprünglich für das Jahr 2021 gesetzt und bereits im Juni 2018 erreicht. In fünf Jahren, von Juni 2013 bis Juni 2018, hat sich die Nutzerzahl der Plattform verachtfacht (siehe Abbildung 11).[91]

---

[91] Vgl. Clement, J. (2019), Statista.

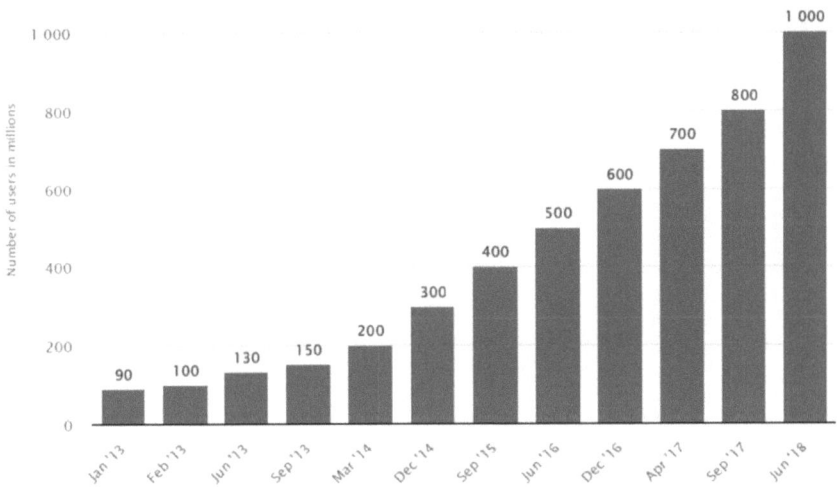

Abbildung 11: Anzahl der monatlich aktiven Instagram-Nutzer 2013-2018[92]

Die Entwicklung der Nutzerzahlen und der Nutzeraktivität verdeutlicht die Reichweite von Instagram als globale kommunikations- und Werbeplattform und lässt Raum für optimistische Prognosen. Die Relevanz des Mediums aus Marketingsicht wird in Kapitel vier geschildert.

3.1.2 Abgrenzung zu anderen Social-Media-Netzwerken

Instagram gehört neben dem Schwesterunternehmen Facebook zu der Kategorie der freizeitorientierten Sozialen Netzwerke. Soziale Netzwerke sind Anwendungen mit dem primären Ziel, sich zu Communities zu verbinden und innerhalb dieser zu interagieren. Voraus-

---

[92] Quelle: Clement, J. (2019), Statista.

setzung dafür ist das Anlegen eines eigenen Profils.[93] Bei der Verdeutlichung der inhaltlichen Ausrichtung der Social-Media-Plattformen hilft Abbildung 12. Hier werden, mit Ironie und überspitzt dargestellt, die Grundtendenzen der Sozialen Netzwerke zum Thema *#Kaffee* skizziert.

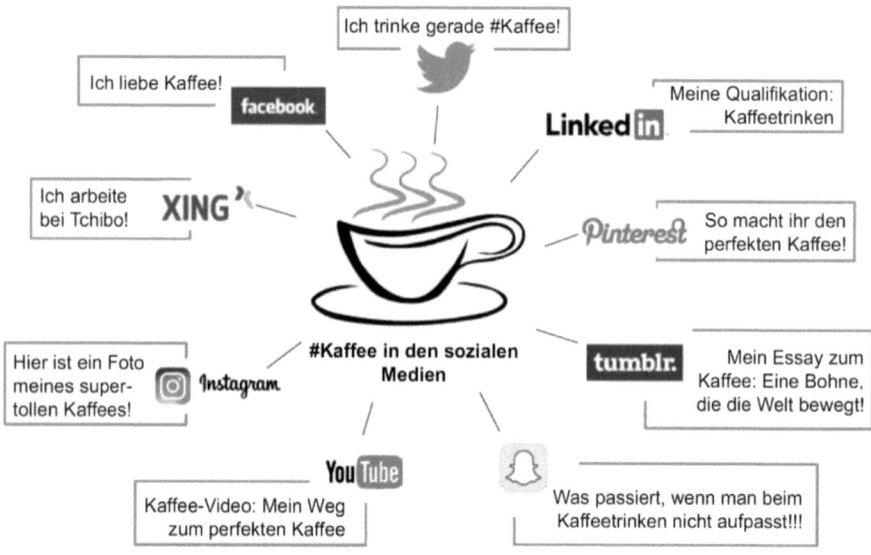

Abbildung 12: Grundtendenzen der wichtigsten Sozialen Medien[94]

YouTube ist nur sekundär den Sozialen Netzwerken zuzuschreiben, da das Ziel der Plattform nicht vorwiegend die interaktive Verknüpfung der Nutzer, sondern die Zugänglichmachung von kreativen Inhalten ist. Demzufolge gehört es primär in die Kategorie der Content Communities. Des Weiteren entwickelt sich YouTube immer stärker

---

[93] Vgl. Kaplan und Haenlein (2010), S. 59.
[94] Quelle: Kreutzer (2018), S 396.

zum professionellen On-Demand-Angebot klassischer TV-Sender und tritt in direkte Konkurrenz zu Netflix oder Amazon Video.[95]

Die beiden Plattformen **Twitter** und **Snapchat** sind stark auf den Moment fixiert, wobei Twitter eher informativer Charakter und Snapchat Unterhaltungscharakter attestiert wird. Die Foto- und Videoinhalte sammeln sich bei den beiden in keiner Chronik, sondern haben eine 24-stündige Lebensdauer auf der Plattform. Auf Snapchat wird der Nutzer mit dem Aufruf der App sofort in den Kreationsmodus versetzt und befindet sich in der Kamera-Anwendung. Mittels In-App-Filter werden kreative Fotos und Videos kreiert und mit dem Adressbuch geteilt. Die Funktion *Snapchat Stories* diente Mark Zuckerberg als Inspiration für *Instagram-Stories*. Snapchat fehlt die kommerzielle Komponente.[96]

Facebook hat textlastig angefangen und ist durch beständige Einführung neuer Produkte zum maßgeblichen Treiber für visuelle Kommunikation geworden. Instagram profitiert von dieser Innovationskraft, weil die Produktneuheiten allen Plattformen der Facebook-Familie zur Verfügung gestellt werden. Die treuen Nutzer der Plattform sehen auch weiterhin den Schwerpunkt von Facebook in der Kommunikation und nicht in der Verbreitung von Bildern. Facebook verfügt mit 2,5 Mrd. monatlichen Nutzern weltweit über die meisten Nutzerzahlen, die größten Werbeumsätze und ist bis heute der größte intratypische Konkurrent von Instagram.[97]

Pinterest fokussiert ebenfalls wie Instagram die bildhafte Inszenierung. Jedoch wird hier mit virtuellen Pinnwänden gearbeitet, die

---

[95] Vgl. Kobilke (2017), S. 20, Fries (2018), S. 35.
[96] Vgl. Kobilke (2017), S. 18, Fries (2018), S. 35.
[97] Vgl. Kobilke (2017), S. 17, Fries (2018), S. 35.

analog klassischen Lesezeichen im Web immer mit ihren Quellen verbunden bleiben. Ein Upload von eigenen Fotos und Videos analog zu Instagram ist bei Pinterest kein gängiges Nutzungsszenario und wird auch produktseitig nicht forciert.[98]

Mit **LinkedIn** und **XING** wird zur Business-Seite gewechselt. Hier dominieren der fachliche Austausch und die Präsentation von eigenen Qualifikationen und Geschäftsinteressen, geprägt von einem bewusst professionellen Auftreten der Nutzer.[99]

Mit **Tumblr** ist eine Blog-Plattform geschaffen, die eine tief gehende Auseinandersetzung mit einer Vielzahl verschiedener Themen erlaubt. Außerdem ermöglicht es seinen Nutzern, mit wenig Aufwand, ohne Programmierkenntnisse und in kurzer Zeit, einen eigenen Blog zu starten. Mit seiner Reichweite von weltweit 323 Mio. Blogs (Tendenz fallend) und dem Fokus auf den verbalen Ausdruck ist Tumbler ein intertypischer Konkurrent, auch wenn die Möglichkeiten der Sozialen Interaktion und die Sharing-Optionen mit Instagram vergleichbar sind.[100]

Mit Facebook hat Instagram zwar den stärksten intratypischen Konkurrenten unter einem Dach, profitiert jedoch zugleich von den Innovationen und den Kontakten der Schwesterplattform, wie z. B. von der Verknüpfung mit dem *Facebook-Business-Manager* und der Möglichkeit für Werbetreibende, auf alle Profile innerhalb der Facebook-Familie zugreifen zu können. Einige der attraktivsten Instagram-Funktionen stammen ebenfalls aus der Forschungs- und Entwicklungsabteilung von Facebook.

---

[98] Vgl. Fries (2018), S. 36.
[99] Vgl. Fries (2018), S. 36.
[100] Vgl. Kreutzer (2018), S. 397.

3.1.3 Wichtigste Funktionen von Instagram

Um ein Teil der Instagram-Community werden zu können, muss sich der Nutzer nach dem erfolgreichen Installieren der Instagram-App registrieren und ein Profil anlegen. Die Möglichkeit diesen Schritt zu vereinfachen, bietet ein *Social-Log-in* über ein vorhandenes Facebook-Profil. Auf diese Weise werden beide Konten synchronisiert. Die App benötigt u. a. einen Zugriff auf die Kontakte, die Kamera und die Galerie und greift direkt nach der Anmeldung auf die im Smartphone gespeicherten Kontakte zu und bietet auf dieser Grundlage Vorschläge zum Folgen (engl. follow) an. Eigenen Content kann der Nutzer entweder über die Kamerafunktion direkt aus der App heraus erstellen oder aus der Galerie des Smartphones hochladen und mit Kreativwerkzeugen der App bearbeiten. Je nach gewählter Einstellung im Profil, ob privat oder öffentlich, können nur die eigenen *Follower* oder eben die ganze Welt mit dem generierten Content interagieren.[101]

Der *News Feed* (häufig nur Feed genannt) ist die Startseite des Instagram-Profils. Die Reihenfolge der im Feed gezeigten Fotos und Videos wird darauf optimiert, jeweils den für den Nutzer relevanten Content, oben im Feed anzuzeigen (siehe Abbildung 10, Kapitel 3.1). Das ermöglicht der *Instagram-Algorithmus*. Wird mit Inhalten interagiert, werden neue Beiträge der entsprechenden *Accounts* weiter oben im Instagram Feed angezeigt. Bleiben die Interaktionen aus, landen sie weiter unten im Feed und sind erst nach längerem *Scrollen* sichtbar. Der Instagram Algorithmus blendet dabei keine Beiträge komplett aus, sondern bestimmt deren Darstellungsreihenfolge.[102]

---

[101] Vgl. Firsching (2017), o. S.
[102] Vgl. Firsching (2017), o. S.

Instagram bietet drei Profil-Varianten an: Standard, Creator und Business. **Standardprofile** weisen die wenigsten Besonderheiten auf. Nutzer können lediglich Fotos und Videos posten und mit anderen Nutzern interagieren.

Das **Instagram-Business-Profil** erlaubt neben der Erfassung einer Vielzahl zusätzlicher Daten, die Anwendung eines Kontakt-Buttons, entweder für E-Mail oder Telefonnummer. Auf diese Weise kann ein interessierter Nutzer das Unternehmen spontan und direkt aus der Customer Journey kontaktieren. Ebenfalls existiert ein Button mit dem Link zur Webseite des Unternehmens. Der Mehrwert des Business-Profils liegt in der statistischen Erfassung von Daten wie z. B. Anzahl der *Views* pro Post (Impressionen), Anzahl der Nutzer (Reichweite) und Interaktionen (*Likes, Shares, Comments*)[103]. Zusätzlich ist die Auswertung folgender statistischer Daten möglich (siehe Abbildung 13):

- Anzahl der Klicks auf die Webseite
- Demografische Angaben der Abonnenten (Alter, Geschlecht, Ort)
- Zeitliche Aktivitätsmuster der Abonnenten
- Top Beiträge

---

[103] Vgl. Firsching (2017), o. S.

Marketing- und Vertriebsplattform Instagram

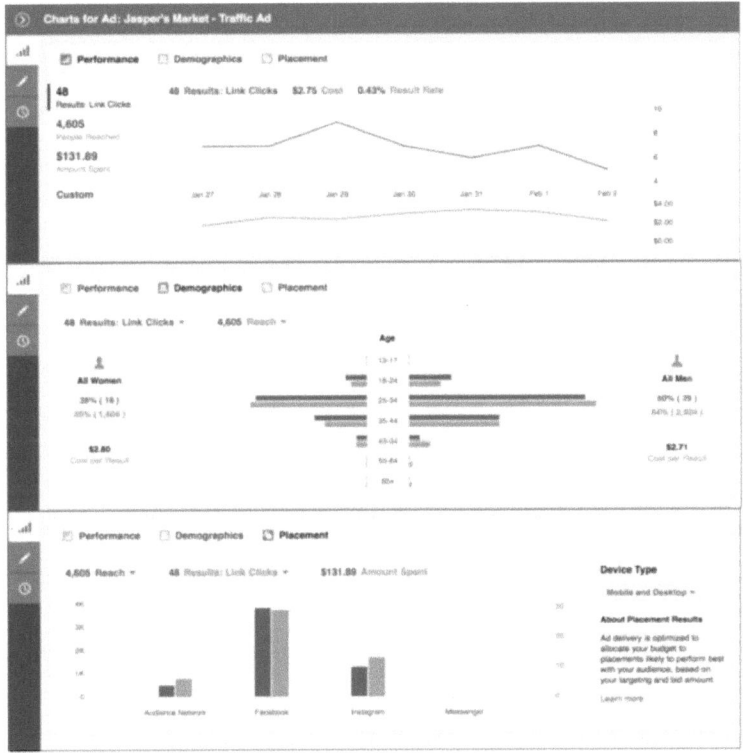

Abbildung 13: Statistische Auswertung der Abonnentendaten[104]

Zwecks besserer Auffindung wird das Profil durch treffende **Hashtags (#)** ergänzt.[105] Haschtags haben eine zentrale Rolle bezüglich der Steigerung der Reichweite. Werden regelmäßig gleiche Hashtags eingesetzt, hat es eine dauerhafte Platzierung in der Instagram-Suche zur Folge, ergo eine schnelle Auffindbarkeit durch die Nutzer. Spezifischere Hashtags fördern eine größere Halbwertszeit und eine Platzierung in den beliebtesten Beiträgen. Reichweitenstarke Hashtags

---

[104] Quelle: Facebook for Business (2019a), o. S.
[105] Vgl. Kreutzer (2018), S 458-459.

45

sorgen kurzfristig für eine hohe Sichtbarkeit. Der Einsatz verschiedener Hashtags kann den Erfolg bei Instagram steigern. In Summe sollte eine Kombination von Hashtags eingesetzt werden, die auf verschiedene Ziele einzahlt.[106]

Influencer sind auf Instagram zuhause. Keine andere Plattform weist so viele Sponsorings und Kollaborationen zwischen Unternehmen und Influencern auf. Daher bietet das Netzwerk ihnen *Creators-Profile*[107] an. Mit einem **Creators-Profil** haben Nutzer exklusiven Zugriff auf ein *Instagram Creators Studio Dashboard* innerhalb der *Facebook Creators Studio App*. Damit steht ihnen ein nützliches und detailliertes Set an Insights zur Verfügung, das weit über die Funktionen des Business-Profils hinausgeht und auf den Bedarf der Influencer zugeschnitten ist. Die zusätzliche Möglichkeit, Nachrichten nach Priorität oder Relevanz sortieren zu können, ermöglicht den Influencern erstmalig diese zu managen und den Überblick zu behalten. Influencer haben ebenfalls die Möglichkeit Links an die beworbenen Produkte anzuheften, die dann zu den Webseiten der Unternehmen führen.[108]

Um Spams zu vermeiden, hat Instagram Verlinkungen von Webseiten minimiert. Doch verifizierte Profile und Business-Profile ab 10.000 Followern können Links in ihren Stories setzen. Über von Facebook installierte Anzeigen-Tools lassen sich gleiche Werbekampagnen auch auf Instagram ausspielen und mit der Homepage des Unternehmens verlinken.[109]

---

[106] Vgl. Firsching (2017), o. S.
[107] Influencer werden im Instagram-Sprachgebrauch Creators genannt.
[108] Vgl. Bauer, T. (2019), o. S.
[109] Vgl. Bauer, T. (2019), o. S.

Instagram Story ist ein Format, das sich an *Snapchat Story* anlehnt und Unternehmen eine Kommunikationsvariante mit den Followern bietet, die nach 24 Stunden automatisch verschwindet. Es sind Momentaufnahmen, die als Slide-show zu einer Geschichte zusammengefügt werden oder Kurzvideos von 60 Sekunden Länge, die über Instagram direkt geteilt und mehrfach verlinkt werden können.[110] Videos mit einer längeren Laufzeit als 60 Sekunden können auf Instagram TV, kurz *IGTV*, veröffentlicht werden. Die Bilder können zudem mit Schriftzügen, bunten Emojis, Sprechblasen und Stickern (engl. tags) versehen werden. Mit der geringen Halbwertszeit ist das Format für Produkteinführungen und für Sale-Angebote prädestiniert. Zusätzlich wird dadurch das Engagement auf der Homepage erhöht. Bei dieser Art *visuellem Storytelling* werden die Werbebotschaften in eine Geschichte integriert und sprechen den Nutzer auf emotionaler Ebene an, statt primär als Werbung wahrgenommen zu werden. Instagram verzeichnet für seine Stories mittlerweile 500 Mio. tägliche Nutzer.[111] Nur wenige Monate nach dem Start der Stories hat Facebook in einer Studie ermittelt, wie diese von Unternehmen wahrgenommen werden und welche Effekte sie erzielten. So haben 53 Prozent mehr Nutzer Produkte und Dienstleistungen online gekauft und 44 Prozent mehr Visits wurden auf der Unternehmens-Webseite registriert, seitdem sie die Stories auf Instagram nutzen.[112]

Die Funktion *Instagram Shopping* ist seit November 2018 sowohl über den Feed als auch über die Stories eines Instagram Business-Profils weltweit verfügbar. Vergleichbar mit einem mobilen Schau-

---

[110] Vgl. Kobilke (2017), S. 30-31.
[111] Vgl. Firsching(2019a), o. S.
[112] Vgl. Firsching (2018a), o. S.

fenster, können die Unternehmen bis zu maximal fünf Produkte gleichzeitig in ihren Bildern und Videos mit einer Einkaufstasche markieren. Diese Markierung beinhaltet eine Produktdetailseite, die sich nach dem Antippen öffnet und eine Verlinkung zum Onlineshop des Unternehmens (siehe Abbildung 14).[113]

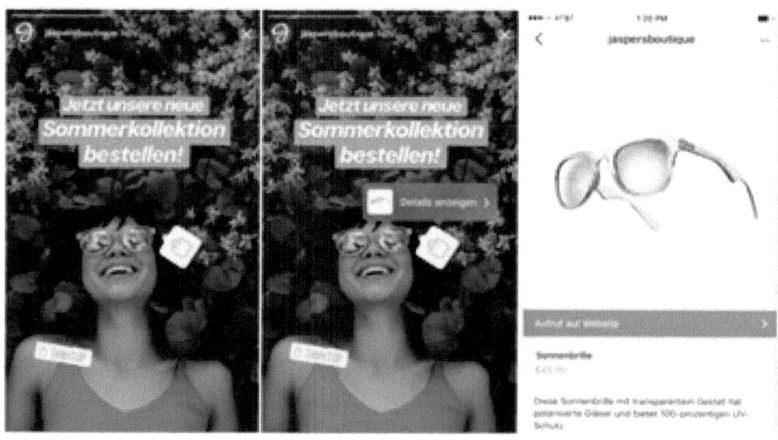

Abbildung 14: Im Post markierte Produkte mit dem Link zur Webseite[114]

Um diese Funktion nutzen zu dürfen, muss das Unternehmen vorab die Handelsrichtlinien von Facebook Inc. erfüllen, die einen Verkauf von ausgewählten Produkten wie z. B. Waffen, Tieren, pornografischen und verschreibungspflichtigen Produkten verbieten. Es können nur physische Produkte auf einem Business-Profil angeboten werden, das mit einer Facebook-Seite verknüpft ist.[115] Da Instagram durch diese Funktion für Unternehmen zu einem potenziellen Distri-

---

[113] Vgl. Firsching (2018b), o. S.
[114] Vgl. Firsching (2018b), o. S..
[115] Vgl. Facebook for Business (2019b), o. S.

butionskanal avanciert, wird sie im nächsten Kapitel detailliert betrachtet.

3.2 Shopping-Plattform Instagram

Social Commerce erfährt aktuell eine große Dynamik. Wie eine aktuelle Studie von *Mark Monitor* zeigt, kaufen bereits 31 Prozent der Verbraucher über Social-Media-Kanäle ein - Tendenz steigend. Dabei lassen sich 55 Prozent von der Reputation der Marken beeinflussen, gefolgt von Erfahrungen und Empfehlungen anderer mit 48 Prozent. Für 34 Prozent spielen *Likes* von Freunden und Familie eine Rolle. Unterstützen Prominente den Kanal, hat das auf 23 Prozent der Befragten einen Einfluss.[116] Bei einer Milliarde Instagram-Nutzer sind es 310 Mio. potenzielle Konsumenten.

3.2.1 Status quo: Instagram Shopping

Es ist damit selbsterklärend, dass Facebook Inc. seit gut einem Jahr exzessiv die Entwicklung von Shopping-Features für Facebook und Instagram vorantreibt, um als Shopping-Kanal an Relevanz zu gewinnen. Nach dem weltweiten Launch von *Instagram Shopping* im Feed und in den Stories im November 2018 wurde nur einen Monat später die Möglichkeit einer Wunschliste geschaffen, mit der die begehrten Produkte für spätere Interaktion auf dieser gespeichert werden können, ähnlich wie bei klassischen Onlineshops.

---

[116] Vgl. Eberhardt (2019), o. S. Die Studie wurde von dem unabhängigen Untersuchungsunternehmen Vitreous World durchgeführt. Befragt wurden 2603 Verbraucher aus Großbritannien, den USA, Frankreich, Deutschland und Italien.

Im März 2019 wurde das Rollout von *Checkout on Instagram* für Anfang des Jahres 2020 angekündigt. Das Feature soll zukünftig den Kaufabschluss direkt in der App ermöglichen und wird in Kapitel 3.2.2 genauer vorgestellt.

Im Mai 2019 gab es gleich zwei Neuerungen. Zum einen wurden die Creators-Profile vorgestellt, die den Creators die Alternative zu einem Business-Profil bieten. War Shopping bisher nur Business-Profilen mit einer Größe ab 10.000 Followern vorbehalten, können Instagram Creators nun auch Shoppable Posts veröffentlichen, auf denen ausgewählte Produkte markiert sind.[117] Follower können damit Produkte, die sie auf den Posts der Influencer sehen, über Instagram direkt kaufen und müssen nicht mehr mit Screenshots und Links der Unternehmensseiten jonglieren. Zum anderen wurde von Instagram@shop eröffnet. In seiner Funktion als Onlineshop innerhalb der App konzipiert, steht dieser als eine Verkaufsfläche kleinen Unternehmen und Creators zur Verfügung.[118]

In der *Trend-Analyse 2019* vergleicht die Social-Media-Analyse-Plattform *Socialbakers* die Entwicklung von Instagram mit der von Facebook. Dabei wird deutlich, dass die Auswirkung der im ersten und zweiten Quartal eingeführten Shopping-Features auf den Interaktionsgrad im E-Commerce vom zweiten zum dritten Quartal sowohl bei Instagram (+118,3 Prozent) als auch bei Facebook (+91,4 Prozent) zu einem deutlichen Anstieg geführt haben.[119]

---

[117] Vgl. Firsching (2018c), o. S.
[118] Vgl. Instagram (2019a), o. S.
[119] Vgl. Socialbakers (2019), S. 8.

Im September 2019 wurde die Einführung von drei neuen Bewegtbild-Werbeformaten für Facebook und Instagram bekannt gegeben, um zusätzliche Interaktion auf der Seite der Unternehmen zu forcieren. Es handelt sich dabei um *Poll Ads*[120], *Playable Ads*[121] mit Gamification-Ansatz und *Augmented Reality Ads*, bei denen zum Beispiel Kosmetikmarken Filter zum virtuellen Testen von Lippenstiftfarben anbieten, oder Brillenmarken die virtuelle Anprobe einer Brille mit Augmented Reality (AR) ermöglichen. Diese Ads helfen zusätzlich die Barrieren von Onlineshopping gegenüber Offlineshopping abzubauen und bieten großes Potenzial, Social-Commerce-Umsätze im Beauty- und Kosmetikbereich weiter zu erhöhen.[122]

Mit der fortwährenden Weiterentwicklung der Plattform bietet Instagram den Unternehmen interessante und dem Fortschritt der Zeit entsprechende Touchpoints direkt am Puls der Zielgruppe und gemäß dem Motto: *Fish where the fish are*. Das Feature *Instagram Shopping* ist zu einem elementaren Bestandteil von Instagram geworden. Über 130 Mio. Menschen interagieren mit Shopping-Inhalten auf Instagram jeden Monat.[123] Mittlerweile bildet Instagram vier der fünf in Kapitel 2.2.2 beschriebenen Phasen der Customer Journey in einem Kanal ab. Lediglich die Act-Phase, in der der Kauf mit dem Bezahlvorgang, dem sog. Checkout, abgeschlossen wird, findet noch außerhalb von Instagram statt.

---

[120] Poll Ads sind videobasierte Umfrage-Anzeigen für Datenerhebung.
[121] Playable Ads mit Gamification-Ansatz ermöglichen Marken ein Spiel in ihre Anzeige zu integrieren.
[122] Vgl. Firsching (2019b), o. S.
[123] Vgl. Firsching (2019c), o. S.

3.2.2 Zukunft: Checkout on Instagram

Die Inszenierung und Vermarktung von Produkten ist ein zentrales Marketing-Element von Unternehmen auf Instagram. Speziell durch die visuelle Ansprache von Bildern und Videos wird Marken und ihren Produkten im Feed die ungeteilte Aufmerksamkeit der Nutzer geschenkt. Beschränkte sich die Interaktion bisher auf *Liken, Sharen*, kommentieren oder auf das Erwerben von Produkten auf der Webseite des Unternehmens mittels einer Verlinkung, wird laut Instagram ab 2020 das Einkaufserlebnis komplett in der *Instagram* App gebündelt. Am 19. März 2019 informierte der Facebook Inc. CEO Mark Zuckerberg die Medienwelt über das nächste Level von *Instagram Shopping*: Das Feature *Checkout on Instagram*. Die Funktion befindet sich seit dem 20. März in einer geschlossenen Beta-Test-Phase mit 26 ausgewählten Unternehmen und 55 Influencern aus den USA, daher gibt es noch keine messbaren Ergebnisse. In den USA startete die Testphase u. a. mit Produkten von Adidas USA, H&M, Zara, Nike und mit Luxusmarken wie Dior, Burberry, Prada und den Kosmetika von Kylie Jenner.[124]

Interessieren sich Nutzer in einem Bild oder einer Story für ein markiertes Produkt, können sie es in Zukunft anklicken, auf der nächsten Seite die entsprechende Größe, Menge oder Farbe auswählen und mit einem weiteren Klick auf der Checkout-Seite, nach der einmaligen Angabe von Bezahldaten, bestellen (siehe Abbildung 15). Die Funktion wird Business- und Creators-Profilen zur Verfügung stehen.[125]

---

[124] Vgl. Jacobsen (2019), o. S.
[125] Vgl. Bauer, T. (2019), o. S.

Marketing- und Vertriebsplattform Instagram

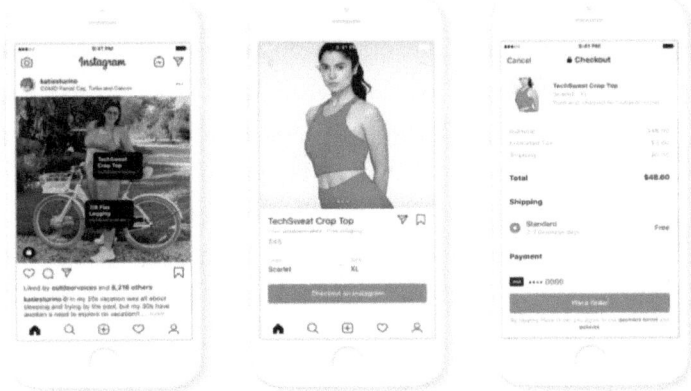

Abbildung 15: Kaufprozess über Checkout on Instagram[126]

Gegenwärtig wird der Nutzer vor Kaufabschluss aus der App auf die Produktseite der betreffenden Marke geleitet und muss sich dort neu anmelden. Hat er mehrere Produkte markiert, so wird er zu mehreren Seiten weitergeleitet und muss sich jeweils neu anmelden. Das ist ein Stolperstein in der Nutzererfahrung, der für Reibungsverluste sorgt. Mit *Checkout* werden die Zahlungsinformationen zentral hinterlegt und der Kaufprozess innerhalb der App abgewickelt.

Damit greift Instagram den E-Commerce-Anbieter *Amazon* an.[127] Laut *Amazon Consumer Behavior Report 2019* vermissen die Kunden auf Amazon das sogenannte Discovery Shopping.[128] Gemeint ist damit das Gefühl, gedankenverloren zu *schlendern* und eher beiläufig auf Produkte zu stoßen, die vorher nicht vermisst wurden, aber nun plötzlich dringend gebraucht werden. Während Nutzer in erster Li-

---

[126] Quelle: Bauer, T. (2019), o. S.
[127] Vgl. Internet World Business (2019), o. S. Der nach Umsatz größte Online Shop 2018ist mit einem Nettoumsatz von 77 Mrd. US-DollarAmazon.com.
[128] Vgl. Feedvisor (2019), S.1-33.

nie Amazon ansteuern, weil sie ein bestimmtes Produkt suchen, könnte Instagram, getragen von einem positiven Nutzungserlebnis, auf sanftem Weg zum Kauf verlocken und Impulskäufer aktivieren. Denn auf Instagram kann der Kaufimpuls so schnell bedient werden, dass die Ratio noch nicht eintritt. Das ist ein Novum im Netz und macht *Instagram Shopping* zu einer sinnvollen Ergänzung in der Vertriebsstrategie. Laut einer Schätzung der Deutschen Bank könnte diese Funktion Instagram bis 2021 über zehn Milliarden US-Dollar zusätzliche Umsätze einbringen.[129]

3.2.3 Novum: Facebook Pay

Dass Facebook die Nutzer seiner Plattformen und Dienste verstärkt zum Einkaufen motivieren möchte, hat zuletzt die Ankündigung von *Checkout on Instagram* im März gezeigt. Doch welche Priorität das Thema Shopping im Konzern tatsächlich genießt, zeigt die neuste Pressemitteilung vom zwölften November 2019. In der heißt es, dass Facebook für alle seine Plattformen – also Facebook, Facebook Messenger, Instagram und WhatsApp – mit *Facebook Pay* eine einheitliche Marke für sämtliche Bezahlfunktionen unter einem Dach schafft. Demnach können die Nutzer inzwischen über die Apps des Unternehmens nicht nur einkaufen, sondern auch spenden und sich gegenseitig Geld schicken.[130]

Als Zahlungsvarianten können Visa, Master Card, American Express und PayPal im Profil hinterlegt werden. Die Bezahlvorgänge werden von Paypal oder Stripe verarbeitet. Als Sicherheitsfunktionen können eine PIN oder biometrische Daten wie Finger- oder Iris-Scan hinter-

---

[129] Vgl. Fuest (2019a), o. S.
[130] Vgl. Saal (2019a), o. S.

legt werden. Zudem wirkt Facebook nicht autorisierten Aktivitäten mit eigenem Anti-Fraud-Monitoring entgegen.[131]

Facebook Pay wird analog *Checkout on Instagram* zunächst in den USA und ab 2020 sukzessive global ausgerollt und stößt damit in die Domäne der Bezahldienstleister vor. Mit *Instagram Shopping, Checkout* und *Facebook Pay* bietet Instagram den Unternehmen neben einer Marketing- nun auch eine Vertriebsplattform an. *Facebook Pay* hat das Potenzial den Konzern auf einer Stufe mit Anbietern wie *PayPal* oder *Apple Pay* zu positionieren und liefert zugleich wertvolle Daten für die Werbekundschaft. Instagram verdient damit nicht nur bei jeder Transaktion mit, sondern gewinnt zugleich einen tiefen Einblick in die Konsumgewohnheiten seiner Nutzer und steigert dadurch seinen Wert für werbetreibende Unternehmen, die von diesen Daten profitieren.[132]

---

[131] Vgl. Saal (2019b), o. S.
[132] Vgl. Tietze (2019), S. 34.

4 Relevanz von Instagram aus Unternehmenssicht

4.1 Charakteristika von Instagram

> "Menschen werden vergessen, was du gesagt hast.
> Menschen werden vergessen, was du getan hast.
> Aber Menschen werden niemals vergessen, welches Gefühl du ihnen vermittelt hast."[133]

Mit diesem Zitat von Maya Angelou kann der zunehmende Erfolg von Instagram als Medium begründet werden. Diese Plattform versteht es wie keine andere Gefühle zu transportieren. Täglich werden bei Instagram 95 Mio. Momente[134] festgehalten, die die Emotionen der Absender transportieren. "Dass wir diese Momente hochauflösend aufnehmen und für immer speichern können, wird wichtiger sein für die Menschheitsgeschichte als die Erfindung der Schriftsprache - wir waren immer eher visuelle als sprachbezogene Wesen", erklärt Kevin Systrom, der Mitgründer von Instagram.[135]

Über 500 Jahre lang war das geschriebene Wort das wichtigste Medium der Aufklärung und das Mittel des Diskurses. Seit der Nutzung von Internet und Smartphones werden die Wörter zunehmend durch Bilder ersetzt. Kevin Systrom, studierte mit 20 Jahren Kunstgeschichte mit einem Fotografie-Auslandssemester in Florenz. Auch wenn er

---

[133] Maya Angelou (1928-2014), Zitat der US-amerikanischen Bürgerrechtlerin, Professorin und Schriftstellerin. Vgl. Svoboda, M (2018), o. S.
[134] Vgl. Kapitel 3.1.1 Instagram in Zahlen.
[135] Vgl. Heuser (2016), o. S.

wenig später seinen Werdegang änderte und einen Bachelor in Management- und Ingenieurwissenschaften machte, blieb ihm die Faszination für die emotionale Ausstrahlung der Bilder erhalten und wurde zur Triebfeder hinter Instagram.[136]

Aus Marketingsicht möchten die Konsumenten von heute sich beim Einkaufen nicht nur inspirieren lassen und neue Produkte erwerben. Sie möchten emotional involviert werden, beispielsweise durch die perfekte Jacke ihres Lieblings-Influencers. Denn im Gegensatz zu einer Jacke im Geschäft können sie eine echte emotionale Verbindung zu dem Kleidungsstück aufbauen, wenn sie es an jemandem sehen, den sie bewundern oder mit dem sie sich identifizieren.[137]

Basierend auf den bisherigen Erkenntnissen der vorliegenden Arbeit ist Instagram eine visuelle Inspiration, eine Aneinanderreihung von emotionalen Momenten, eine willkommene Ablenkung aus dem Alltag, die Bühne der Influencer und die beliebteste Freizeitbeschäftigung der Generation Z. Und in Zeiten der Aufmerksamkeitsökonomie, in der sich die Unternehmen schwer tun mit ihren Medienangeboten die Aufmerksamkeit des Konsumenten auf sich zu ziehen und vor allem zu halten, bietet Instagram mit über einer Milliarde potenziellen Konsumenten _eine_ Marketingplattform, die alle fünf Phasen der Customer Journey effizient und in Echtzeit bedient und den Marken erlaubt, in einen direkten Dialog mit den Konsumenten zu treten und diese in den Produktentwicklungsprozess mit einzubinden.

---

[136] Vgl. Heuser (2016), o. S.
[137] Vgl. Matthiesen(2019), S. 10.

4.1.1 Mehrwert von Instagram für Unternehmen

Bisweilen war in den deutschen Marketing-Chefetagen die weit verbreitete Meinung über Instagram die, dass mit einer Foto- und Video-Sharing-Plattform primär ein Beitrag zum *Visual Storytelling* geleistet werden kann. Dadurch können Markenimage und Markenbekanntheit zwar verbessert werden, unmittelbare Verkaufserfolge werden aber – durch die fehlende Verlinkung zur Webseite oder zum Onlineshop – nicht erzielt. Damit stellte Instagram eher einen Branding-Kanal dar, der nicht auf verkaufsbezogene Kennzahlen einzahlt.[138] Deswegen liegt der Social-Media-Marketing-Schwerpunkt der Unternehmen auch gegenwärtig auf Facebook. Dabei ist es aus heutiger Sicht für viele Unternehmen erfolgskritisch, den Mehrwert von Instagram als Marketingkanal zu verkennen. Durch die weniger werbliche Auffassung identifizieren sich die Nutzer mit den Unternehmensbeiträgen auf Instagram und akzeptieren die Werbeinnhalte wesentlich eher, als das bei Facebook der Fall ist. Außerdem ist die Reichweite von Instagram um ein Vielfaches höher als die der anderen Sozialen Plattformen. Hier ist ein Beispiel:

Für eine Studie stellte die US-amerikanische Rockband *Paramore* ihre Social-Media-Kanäle zur Verfügung. Darauf wurden zeitgleich identische Inhalte gepostet und die darauffolgende Interaktion gemessen. Auf ihrer Facebook Seite mit 3,2 Mio. Fans erhielt der *Post* 9.405 Likes; bei Twitter mit 3,35 Mio. Anhängern 433 *Re-Tweets* und 289 Mal Favoritenstatus; bei Instagram mit nur 360.000 *Followern* gab es 52.237 Likes und 315 Kommentare. Verglichen mit Facebook, wurden über Instagram mit nur einem knappen Zehntel der Follower eine fünfmal höhere Aktivitätsrate mit ein und demselben Bild er-

---

[138] Vgl. Kreutzer (2018), S 457.

zielt. Eine Studie des Marktforschungsunternehmens *Forrester* stützt die These eines höheren Engagements der Instagram Nutzer: Die dortige Interaktionsrate ist durchschnittlich 58 Mal höher als bei Facebook und sogar 120 Mal höher als die auf Twitter.[139] Damit ist die Reichweite und die Aktionsdynamik von Instagram viel größer als die des direkten Wettbewerbers, der Schwester Facebook.

Zu einem ähnlichen Ergebnis gelangt auch die Studie von *ECC* Köln, für die rund 1.000 Online-Shopper im Zeitraum vom 01.05.2018 - 15.05.2018 befragt und bezüglich der Nutzungsfrequenz der bekanntesten, in Deutschland genutzten Social-Media-Kanäle analysiert wurden.[140] Die Auswertung zeigt, dass Facebook und YouTube die meistgenutzten Sozialen Netzwerke sind: Auf Facebook ist mit 56 Prozent insgesamt mehr als jeder Zweite täglich unterwegs, dicht gefolgt von YouTube mit 30 Prozent. Demgegenüber präferiert die jüngere Zielgruppe Instagram (66 Prozent) und Snapchat (34 Prozent). Beide Kanäle werden laut Aussage der Befragten zwischen 13- und 14-mal pro Tag aufgerufen. YouTube wird primär den Content Communities und nicht den Sozialen Netzwerken zugeordnet (siehe Kapitel 3.1.2) und findet aus Marketingsicht zusammen mit Facebook auch gegenwärtig ausreichend Berücksichtigung in den Marketing-Budgets der Unternehmen. Die Aufmerksamkeit der Marketingetagen sollte demnach zukünftig den beiden Plattformen zuteilwerden, die von den Konsumenten von morgen genutzt werden: Instagram und Snapchat, wobei Instagram eine doppelt so große Reichweite wie Snapchat aufweist (siehe Abbildung 16).

---

[139] Vgl. Matthiesen (2019), S. 11.
[140] Vgl. Lampa, Risse, Weinand (2019), S. 5-6.

Relevanz von Instagram aus Unternehmenssicht

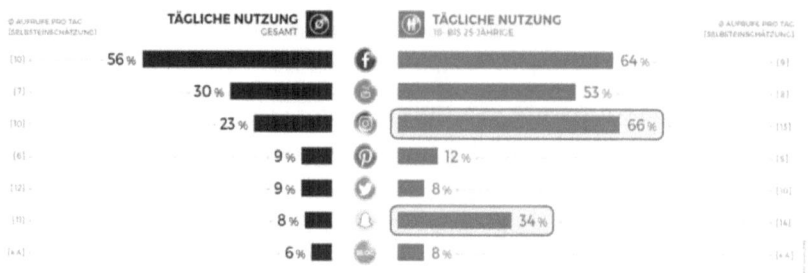

Abbildung 16: Die Nutzungsfrequenz Sozialer Netzwerke[141]

Aufgrund von technologischen Updates im vergangenen Jahr, liegt der Mehrwert von Instagram aus Marketingsicht nicht mehr ausschließlich im Engagement begründet. Mit der Einführung von bezahlter Werbung und Targeting- Tools auf Basis der Facebook-Technologie hat sich Instagram als Werbeplattform bei vielen Marken etabliert. Von den Top-100-Marken der Welt, die durch das Markenberatungsunternehmen Interbrand regelmäßig ermittelt werden, sind inzwischen 90 Prozent mit eigenem Account auf Instagram aktiv.[142] Der deutsche Markt reagiert noch zurückhaltend auf den neuen Werbekanal. Die Studie *Digital Marketing Monitor 2019* untersuchte das digitale Marketing von 5.030 deutschsprachigen Unternehmen aus neun Branchen und kam zu dem Ergebnis, dass lediglich 57 Prozent der deutschen Unternehmen ein Instagram-Profil vorweisen können, das bedeutet jedoch nicht, dass sie dieses auch aktiv nutzen.[143]

Durch die Einführung von Shopping Features zahlt auch Instagram auf verkaufsbezogene Kennzahlen ein, indem es messbare Umsätze

---

[141] Quelle: Lampa et al. (2019), S. 6.
[142] Vgl. Kobilke (2017), S. 14.
[143] Vgl. Schwarz (2019), S. 34.

generiert und sich dadurch immer stärker mit dem Online-Handel (engl. E-Commerce) verknüpft. Während es im traditionellen E-Commerce[144] primär um die Act-Phase, also die konkrete Kaufabsicht geht, differenziert sich Instagram durch einen Perspektivenwechsel und bedient den kompletten Kaufentscheidungsprozess des Nutzers, d. h. der Nutzer soll auf Instagram das Produkt entdecken, die Marke kennen und lieben lernen, das Produkt kaufen und am Ende als Markenbotschafter eine Kaufempfehlung an weitere Follower abgeben.

Dabei liegt der Fokus von Instagram weiterhin auf der Bildsprache und nicht auf dem Shopping. Daher wird die Shopping Funktion durch Instagram klar und simpel gestaltet. Weiterführende Informationen wie Preis und Produktdetails werden erst nach dem Klick auf die Markierungen angezeigt, um das Bild nicht mit Reizen zu überfluten. Denn die mobilen Nutzer der jungen Generation wollen nicht durch eine endlose Aneinanderreihung von Produktbildern ihrer knappen Zeit beraubt werden. Sie wollen individuell und mit interessanten Inhalten von Marken und Influencern, denen sie folgen, aktiviert werden und eher beiläufig das Objekt der Begierde erwerben. Die Instagram-Shopping-Funktion ist genau auf dieses differenzierte Nutzerverhalten ausgelegt und übt – so ist der Plan – keinen Kaufdruck auf den Nutzer aus. Es wird sowohl ein Sofortkauf als auch ein einfaches Umsehen dem Nutzer offeriert. Kurz gefasst transformiert sich die Social-Media-Plattform Instagram ab 2020 zu einer Social-

---

[144] E-Commerce beschreibt das Kaufen und Verkaufen von Gütern über das Internet. Der Handel wird im Webshop abgewickelt, in dem User selbständig Ware aussuchen und bestellen können. Vorteil im Vergleich zu stationären Geschäften ist das Einkaufen rund um die Uhr. In der Regel ist der Online-Shop an ein Warenwirtschaftssystem angeschlossen. Vgl. Internet World Business (2018), o. S.

Commerce-Plattform[145] Instagram. Das bietet den Unternehmen im Jahr 2020 die Möglichkeit vom Beginn an mit Instagram-Commerce Umsätze zu generieren und von einer anfangs geringen Wettbewerbsdichte zu profitieren.

Ein weiterer Mehrwert für Unternehmen kommt mit *Checkout on Instagram*: Das macht die eigene Webseite obsolet, da sie komplett durch das Instagram-Business-Profil ersetzt werden kann. Der Umweg über den eigenen Onlineshop oder über einen Retailer entfällt ebenfalls. Besonders bei Unternehmen, die noch keine eigene Online-Seite haben, wird mit einer großen Nachfrage gerechnet, denn die ersten Resultate mit der Testgruppe laufen laut Instagram offenbar sehr vielversprechend.[146]

Besonders profitabel scheint Instagram für Start-ups in Deutschland zu sein, denn 97 Prozent der befragten jungen Unternehmer sehen Instagram als die Plattform, um Kunden zu erreichen und mit ihnen zu interagieren. Und 58 Prozent sagen, Instagram habe dazu beigetragen, dass sie ihr Unternehmen ohne fremde Hilfe gründen konnten.[147] Mit den geplanten Features wird es noch einfacher: eine Kreditkarte und ein Instagram-Business- bzw. Creators-Profil genügen. Laut Daniel Verst, dem Strategic Business Partner DACH bei Instagram, erhebt Instagram für sich den Anspruch, für Werbetreibende jeder Größe den gleichen kostenlosen Zugang zu bieten: Das Ein-

---

[145] Social-Commerce: „Eine Form von E-Commerce, bei der die aktive Beteiligung der Kunden und die persönliche Beziehung der Kunden untereinander im Vordergrund stehen. Zentrale Elemente sind Beteiligungen der Kunden am Design, Verkauf und/oder Marketing über Kaufempfehlungen oder Kommentare anderer Kunden. Die dabei verwendeten Systeme sind der Sozialen Software zuzurechnen." Mattscheck (2018), o. S.
[146] Vgl. Priller-Gebhardt (2019), o. S.
[147] Vgl. Melchior (2019), o. S.

Personen-Unternehmen bekommt die gleichen Tools zur Verfügung gestellt, wie ein Konzern.[148]

Fasst man die bisherigen Erkenntnisse stichpunktartig zusammen, so bietet Instagram gegenwärtig und vor allem zukünftig, den Unternehmen folgenden Mehrwert gegenüber seinen Wettbewerbern:

- 58 bis 120 Mal höheres Engagement
- Die höchste Nutzungsfrequenz bei der jungen Zielgruppe
- Alle Touchpoints des Kaufentscheidungsprozesses auf einem Kanal
- Nutzerfreundliche Bedienung
- Emotionale Bindung durch visuellen Content
- Barrierefreie, globale Kommunikation
- Technische Ausstattung und analytische Auswertung kostenlos
- *Checkout on Instagram* (ab 2020)
- Kein Onlineshop notwendig (ab 2020)
- Kaum Startkapital notwendig
- Marketing-, Service- und Vertriebsplattform in einem Kanal

Und trotz der zunehmenden Kommerzialisierung der Plattform, wird Instagram von seinen Nutzern weniger als ein werbliches Medium, denn als ein kreativer, inspirierender und emotionaler Inszenierungsort verstanden und genutzt.

---

[148] Vgl. Rinsum (2019), o. S.

4.1.2 Zukunftsausrichtung von Instagram

Wie zuvor in dem Verlauf dieser Arbeit bereits umfangreich belegt wurde, begründet die junge Nutzerstruktur, der expansive Mitgliederzuwachs und die damit verbundene wachsende Reichweite des Netzwerks, sowie die Nutzungsintensität von 32 Minuten am Tag, die zukunftsorientierte Ausrichtung von Instagram als Marketingplattform.

Eine aktuelle Studie von *Deloitte* zu den globalen Marketing-Trends 2020 kommt zu dem Ergebnis: Im kommenden Jahr wird es im Marketing wichtiger denn je, einen stärkeren Fokus auf grundlegende Werte wie Menschlichkeit, Authentizität und Sinnhaftigkeit zu richten.[149] Und damit liegt Instagram mit seiner emotionalen und authentischen Ansprache der Nutzer diesbezüglich ebenfalls im Trend.

Ein weiterer Trend, der in den letzten Jahren beobachtet wurde, liegt in dem zunehmenden Wachstum des Social Commerce begründet. Gelangten 2015 in den USA zwei Prozent der Nutzer von Social-Media-Plattformen auf die E-Commerce-Seite eines Unternehmens, so lag der Anteil dieses *Referral-Traffics*[150] über die Kauf-Buttons der Unternehmen auf einer Sozialen Plattform im 1. Quartal 2019 bei über 9,1 Prozent. In den USA sind es vor allem Instagram, Pinterest und Facebook, die immer mehr den Gedanken des Social Shopping umsetzen.[151] Auch in Europa und Deutschland deutet der Trend in

---

[149] Vgl. Schültke und Legler (2019), S. 2-3.
[150] Bei Referral-Traffic handelt es sich um den Traffic, bei dem Nutzer über Links auf eine Seite kommen, anstatt durch Direkteingabe der URL (Direct-Traffic) oder über Suchmaschinen (SEO-Traffic). Über den Referral-Traffic lässt sich analysieren, über welche Seiten Nutzer auf die Website eines Unternehmens gelangen. Vgl. Ihnenfeldt (2018), o. S.
[151] Vgl. Langer (2019), o. S.

diese Richtung. So wurde im deutschen Modesektor im Jahr 2018 durch Social Media bereits 3,4 Mrd. Euro Umsatz generiert.[152]

Social Commerce findet meistens mobil statt, sprich per Smartphone oder Tablet, da Social-Media-Angebote bevorzugt über mobile Endgeräte genutzt werden. So gesehen wird Social Shopping auch erheblich den Mobile Commerce vorantreiben, der gemäß der Globalen *E-Commerce-Prognose 2019* von *eMarketer* bis 2021 bereits 53,9 Prozent aller E-Commerce-Umsätze ausmachen wird. Smartphones werden mit geschätzten 82 Prozent dabei den Hauptteil des Mobile Commerce repräsentieren.[153] Basierend auf den bisherigen Erkenntnissen der vorliegenden Arbeit, bedeutet das Im Fall von Instagram, dass Unternehmen, die mit Mobile Commerce ihre Umsätze generieren in den mobilen Instagram-Nutzern ihre primäre Zielgruppe finden.

Eine weitere Erkenntnis, die diese Aussage stütz, resultiert aus den *Adobe Digital Insights 2018*, laut welchen in den Vereinigten Staaten nur noch die per Smartphone angesteuerten Seitenbesuche gestiegen sein sollen. Während dieser Bereich seit Januar 2015 um fast 90 Prozent zulegen konnte, gingen die Zahlen im Desktop-Bereich um 17 Prozent und im Tablet-Bereich um 30 Prozent zurück. Zwar sind Desktop-Besucher bezogen auf den erzielten Umsatz noch immer wertvoller, dieser Abstand schrumpft jedoch zunehmend. Nach Angaben von Adobe Digital Insights 2018 sind die Seitenbesuche via Smartphone innerhalb der letzten drei Jahre kürzer geworden. Das Unternehmen sieht das als ein Indiz dafür, dass die Nutzer mittlerweile an eine möglichst effiziente Seitengestaltung gewöhnt sind.

---

[152] Vgl. Krah (2018), o. S.
[153] Vgl. Lipsman (2019), o. S.

Webseiten-Betreiber müssen demnach darauf achten, möglichst alle unnötigen Bedienschritte zu entfernen, wenn sie das Interesse der Besucher nicht frühzeitig verlieren wollen.[154] Wie im vorangegangenen Kapitel beschrieben, wurde diese Erkenntnis beim Anwendungsdesign von *Instagram Shopping* ebenfalls berücksichtigt.

Beim Trendsetter China ist Social Commerce längst im Alltag angekommen. Seit Jahren verfügen praktisch alle großen Social-Media-Plattformen in China über vollständig integrierte E-Commerce- und Zahlungssysteme. Für 2020 wird dort ein Social-Commerce-Umsatz von circa 150 Mrd. USD prognostiziert.[155]

Die westlichen Social-Media-Plattformen, allen voran Facebook, greifen den chinesischen Trend auf und sind ebenfalls dabei E-Commerce- und Zahlungssysteme zu integrieren und die westlichen Konsumenten dafür zu begeistern. Dabei zeigt der Trend hierzulande langsam weg von Nur-Facebook und hin zu anderen, für Nutzer attraktiveren Plattformen wie Instagram und Pinterest.[156]

Grundsätzlich ist davon auszugehen, dass Social Commerce in Deutschland eine andere Form haben wird als in China. Die Akzeptanz für technologische Innovation ist in China weitaus höher als in Deutschland – vor allem im Zusammenhang mit Zahlungsmethoden. Zahlungen, die via Smartphone auf Social-Media-Plattformen ausgelöst werden, haben in Deutschland sehr hohe, sicherheitskritische Barrieren zu nehmen. In China werden sie der Bequemlichkeit des Konsumenten untergeordnet und gehören längst zum Alltag.[157]

---

[154] Vgl. Adobe Digital Insights (2018), S. 9-11.
[155] Vgl. Zen (2018), o. S.
[156] Vgl. Gmelch (2019), o. S.
[157] Vgl. Gmelch (2019), o. S.

In Deutschland ist das Potenzial für Social Shopping nach chinesischem Vorbild bei der jungen Generation ausreichend vorhanden. Damit jedoch die Zahlungsmethode auch aus Sicht der Zahlungsanbieter attraktiv wird und reibungslos funktioniert, muss die Kundenerfahrung beim Bezahlprozess deutlich verbessert werden.[158] Um diese Barriere abzubauen, wurde seitens Facebook Inc. mit *Facebook Pay* eine einheitliche Lösung geschaffen.

Bezüglich Social Commerce verfügt Instagram über eine große Akzeptanz bei den Konsumenten, denn bereits im Jahr 2017 und damit vor den Upgrades, die das Shopping-Erlebnis auf Instagram attraktiver machen, gaben 72 Prozent[159] der aktiven Instagram-Nutzer an, ein Produkt gekauft zu haben, welches sie zuerst auf Instagram gesehen haben. Die Social-Media-Analyse-Plattform Socialbakers hat am zweiten Januar 2020 ihre Ergebnisse des dritten Quartals 2019 in dem *Instagram and Facebook Trends Report Q3 2019* veröffentlicht. Darin erklärt der CEO von Socialbakers, dass von allen Trends im Jahr 2020, Social Commerce den größten Einfluss auf den Handel haben wird, denn bald schon wird es möglich sein, den kompletten Marketing-Funnel[160] vom Entdecken eines Produkts bis hin zum

---

[158] Vgl. Eroglu (2019), o. S.
[159] Vgl. Keyes (2017), o. S.
[160] Funnel: auf Deutsch Trichter. Der Kaufentscheidungsprozess wird häufig mit einem Trichter metaphorisiert, da Konsumenten mit ihrem Relevant Set (die Auswahl an Marken und Produkten, nach denen der Verbraucher bei seinem individuellem Konsum gezielt sucht) den Kaufprozess beginnen, von dort an mit Hilfe des Marketing ihre Auswahl sukzessive begrenzen und am Ende des Funnels eine Kaufentscheidung zugunsten einer der Marken oder Produkte des Relevant Set treffen. Vgl. Court, Elzinga, Mulder, Vetvik (2009), S. 1-2.

Produktkauf und anschließender Kundenbetreuung via Social Media abzudecken.[161]

Aus dem Bericht geht weiter hervor, dass der E-Commerce sowohl auf Facebook als auch auf Instagram im letzten Quartal gewachsen ist (siehe Abbildung 17). Auf Instagram stieg der E-Commerce im dritten Quartal(Q3) 2019 auf 15,8 Prozent der gesamten Interaktionen - ein Anstieg von 13,7 Prozent gegenüber Q2 2019. Unterdessen fällt der Anstieg auf Facebook mit 0,4 Prozentgegenüber Q2 2019 gering aus. Die Kategorie, die auf Instagram den größten Anteil an den gesamten Interaktionen hat, ist mit 31,9 Prozent die Modebranche.[162]

Die Mensch-Zentrierung als Trend im Marketing, der Social-Commerce-Trend im Handel, die Möglichkeit der Umsatzgenerierung und der Erfolgsmessung über die neuen Shopping Features, sowie die neue Bezahlfunktion begründen die Zukunftsfähigkeit von Instagram als Social-Commerce-Plattform und bieten den Unternehmen eine solide Grundlage dafür, Instagram als Vertriebsplattform in ihren Marketing-Mix aufzunehmen.

---

[161] Vgl. Socialbakers (2019), S. 2.
[162] Vgl. Socialbakers (2019), S. 7.

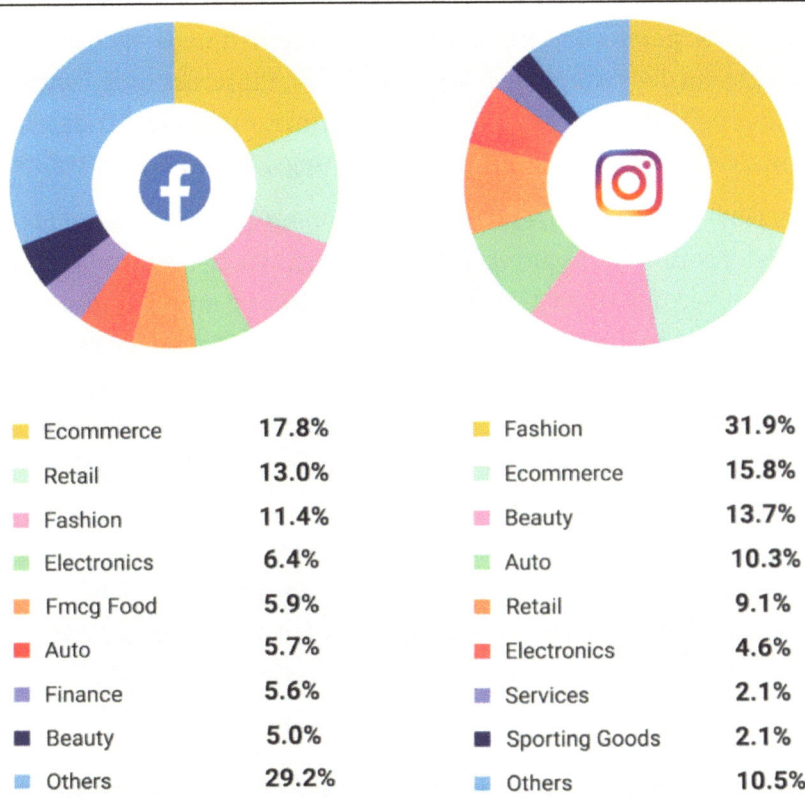

Abbildung 17: Branchenübergreifende Verteilung der Distributionen[163]

4.1.3 Messbarkeit des Erfolgs

Für die Unternehmen stellte sich bis vor einem Jahr die Frage, wie Instagram zur Erreichung von Unternehmenszielen eingesetzt werden kann - viele Aspekte dieses Mediums lassen sich nur schwer quantitativ ausdrücken. Hinzu kommt, dass bis dato über Instagram

---

[163] Quelle: Socialbakers (2019), S.7.

nur Bilder geteilt und keine Links zu Unternehmens-Webseiten hinterlegt wurden, wie es z. B. auf Facebook, Pinterest und Twitter bereits möglich war. Diese erschwerte Werbe- und die Absatzerfolgskontrolle machte Instagram aus Marketingsicht weniger attraktiv.

Seit November 2018 ist *Instagram Shopping* sowohl im Feed als auch in den Stories weltweit verfügbar. Jedoch wurden bisher kaum Statistiken veröffentlicht, die die positive Wirkung auf die Umsatzzahlen der teilnehmenden Marken belegen. Lediglich für kleinere und mittelständische Unternehmen (KMUs) hat die Plattform Zahlen über die Nutzung von Instagram als Marketingkanal veröffentlicht. Basis dafür ist eine Umfrage, die das Marktforschungsunternehmen *Ipsos* für Instagram im November 2018 unter 3.000 deutschen Instagram-Nutzern und 1.000 deutschen KMUs durchführte.[164] Demnach gaben 52 Prozent der KMUs an, dass Instagram ihnen dabei half, Konsumenten auf ihre Marke aufmerksam zu machen, und 43 Prozent der Befragten gaben an, dass sie durch Instagram ihre Umsätze steigern konnten. Mehr Kunden in den eigenen Onlineshop gelockt, haben 45 Prozent. Die Hälfte der befragten Unternehmen sagt außerdem, dass mehr Kunden in ihrem Onlineshop einkaufen, seit sie *Instagram Shopping* nutzen. Und 46 Prozent der Befragten wurde durch Instagram geholfen, ihr Geschäft erfolgreicher zu machen. Die Präsenz auf Instagram steigerte auch die Auffindbarkeit der KMUs, denn zusätzlich geben 35 Prozent der befragten Nutzer an, dass sie über Instagram ein kleineres Unternehmen entdeckt haben, das sie ohne Instagram nicht entdeckt hätten.[165] Neben Branding- und Sales- nutzen die KMUs Instagram auch zunehmend für Recruiting-Maßnahmen:

---

[164] Vgl. Duvinage (2019), o. S.
[165] Vgl. Melchior (2019), o. S.

47 Prozent der Befragten hilft Instagram ihr Unternehmen potenziellen Bewerbern näher zu bringen.[166] Im Umkehrschluss funktioniert Instagram für die andere Hälfte der kleinen Unternehmen nicht, zumindest, wenn man operative Kennzahlen vergleicht. Die Ursachen können der starke Wettbewerb, die Branche, aber auch mangelnde Professionalität sein.

Die *Ipsos Studie* liefert zwar eher eine positive Tendenz als einen signifikanten Beweis für die positive Wirkung von *Instagram Shopping* auf den Unternehmenserfolg. Allerdings sind die Funktionen mit der absatzstimulierenden Wirkung erst nach der Studie seitens Instagram eingeführt worden. Ebenfalls haben gerade KMUs keine ausreichenden Kenntnisse über valide Messmethoden einer Social-Media-Werbe-Kampagne. Die BVCM-Studie *Social-Media- und Community-Management* zeigt, dass Erfolgsnachweise von Marketingstrategien bei Social-Media- und Community-Management nur bedingt möglich sind. Für 66 Prozent der 322 Befragten sind Erfolge der Social-Media-Strategien teilweise gar nicht nachweisbar. Lediglich 21 Prozent bejahen die Nachweisbarkeit des Erfolgs.[167] Daher bleibt es abzuwarten, bis Instagram oder die Unternehmen der Testphase die ersten Zahlen veröffentlichen.

Festzuhalten ist, dass es mittlerweile einige Social-Media-Kennzahlen gibt, die die Wirkung einer Instagram-Kampagne zu ermitteln helfen (siehe Anhang 1). Und die wichtigsten dieser Kennzahlen, wie z. B. Kostenberechnung einer Werbeanzeige (siehe Abbil-

---

[166] Vgl. Schobelt (2019), o. S.
[167] Vgl. Ellermann et al. (2016), S. 41.

dung 18), liefert Facebook Inc. seinen Business-Profil-Nutzern kostenlos.[168]

Abbildung 18: Kosten für eine Werbeanzeige im Zeitverlauf[169]

Zukünftig wird die Erfolgskontrolle wesentlich einfacher ausfallen, da sie durch die quantitative Messung des über den Shopping-Button generierten Umsatzes und die Abrechnung über die Kreditkarte konkrete Absatzzahlen des Kanals liefern wird. Die bisher wichtigste Kennzahl zur Bewertung von Kampagnen auf Instagram, die Interaktionsrate, kann weiterhin mit den von Instagram gelieferten Messwerten und der folgenden Formel berechnet werden:

$$Interaktionsrate = \frac{(Likes + Kommentare)}{AnzahlFollower} * 100$$

Dabei gilt als Faustformel, dass die Interaktionsrate bei ca. fünf und mindestens 2,5 Prozent liegen sollte. [170]

---

[168] Vgl. Methner (2017), o. S.
[169] Quelle: Methner (2017), o. S.
[170] Vgl. Kamps und Schetter (2018), S. 144.

Abschließend wird die Effizienz einer Marketingkampagne mit der Ermittlung des *Return on Marketing-Investment* (*ROMI*)[171] gemessen, also mit der Relation zwischen Input und Output:

$$ROMI = \frac{\text{Umsatz} - \text{Werbekosten} - \text{Produktkosten}}{\text{Werbekosten}}$$

Das Ergebnis sollte positiv sein und ist so zu interpretieren, dass wenn das Resultat die Zahl 2 liefert, wird aus einem Euro eingesetztem Kapital ein Nettogewinn von zwei Euro erwirtschaftet.

4.2 Die Herausforderungen von Instagram-Marketing

Die den Unternehmen durch Instagram-Marketing eröffneten Kommunikations- und Interaktionsmöglichkeiten mit Konsumenten, tragen einerseits zur Wertschöpfung des Unternehmens bei, bergen andererseits auch Risiken und stellen die Unternehmen vor neue Herausforderungen. So muss vordergründig das zu vermarktende Produkt Instagram-tauglich sein. Ein Nischenprodukt mit einer sehr kleinen Zielgruppe wird nicht den gleichen Erfolg erzielen können, wie das z. B. mit Fashion- oder Beauty-Produkten der Fall ist.

Durch *Checkout on Instagram* wird der Kaufprozess für den Konsumenten vereinfacht. Nach Angaben von Instagram müssen lediglich beim ersten Kauf über die App der Name, die E-Mail-, Liefer- und Rechnungsadressen sowie die Zahlungsart eingegeben werden, die in der App gespeichert werden und bei weiteren Käufen abrufbar sind (siehe hierzu Kapitel 3.2.2). Selbst Infos zu Versand und Liefe-

---

[171] Vgl. Lammenett (2019), S. 493.

rung erhalten die Nutzer direkt als Benachrichtigungen auf Instagram. Doch bei aller Euphorie über einen weiteren Absatzkanal – auch auf Instagram gelten für die Unternehmen die gängigen nationalen Vorschriften für den Online-Produktvertrieb. Daher müssen bei der Konzeption des Bestellprozesses die einschlägigen Verbraucherschutzvorschriften eingehalten und notwendige technische Anforderungen erfüllt werden.[172]

Da die über *Checkout* geschlossenen Verträge zu den Fernabsatzverträgen im elektronischen Geschäftsverkehr zählen, hat der Profil-Inhaber bei der Abwicklung von Bestellungen über diese Funktion diverse vorvertragliche Informationspflichten gegenüber den Konsumenten zu erfüllen.[173] Tut er das nicht, können sich für ihn empfindliche finanzielle Nachteile ergeben, die es zu vermeiden gilt.[174] Deshalb werden in den folgenden Kapiteln einige Herausforderungen vorgestellt, die aus Sicht der Unternehmen für einen erfolgreichen Start mit Instagram als Marketing- und Vertriebskanal gemeistert werden müssen.

4.2.1 Rechtliche Herausforderungen

Die rechtlichen Rahmenbedingungen des Marketings in Sozialen Netzwerken werden allgemein zwei rechtlichen Regelungseinwirkungen unterworfen. Zunächst gelten auch in Sozialen Netzwerken die üblichen zwingenden gesetzlichen Vorschriften wie das Markengesetz, das Urheberrechtsgesetz, das Gesetz gegen den unlauteren Wettbewerb etc., die eingehalten werden müssen. Darüber hinaus

---

[172] Vgl. Ambros (2018), S.1-13.
[173] Vgl. §§ 312c bis 312j EGBGB (2018).
[174] Vgl. Vlachos (2019), o. S.

enthalten die Nutzungsbedingungen von Sozialen Netzwerken weitergehende Werbebeschränkungen wie z. B. der Versand von Werbebotschaften als sog. direkte Nachricht (Direct-Message) ohne vorherige Zustimmung der Empfänger, der zunehmend als rechtswidriger SPAM angesehen wird. Ein Following, also das Abonnieren der Feeds, reicht als Legitimation für den Erhalt von Direct-Messages nicht aus. Des Weiteren besteht im Social-Media-Marketing ebenfalls eine Reihe von Pflichten, die dem Onlinemarketing zugeordnet werden, wie z. B. die Impressumpflicht und die Kennzeichnungspflicht für Werbung.[175]

Technisch-gesellschaftliche Entwicklungen wie der seit 2017 weit verbreitete Einsatz von *Ad-Blockern*, also von Programmen, welche die Werbeinhalte auf Internetseiten oder dem Desktop blockieren, stellen die Unternehmen ebenfalls vor Herausforderungen neue technische Ansätze für eine zielgruppenorientierte Werbung ihrer Produkte finden zu müssen, um die Reichweite des Internets für eigene Marketingziele nutzbar zu machen.[176]

Doch die größten Risiken mit weitreichenden rechtlichen und wirtschaftlichen Folgen für Unternehmen bilden Gesetzesgrundlagen, wie z. B. die am 25. Mai 2018 in Kraft getretene Datenschutzgrundverordnung (DSGVO). Die DSGVO ist ein einheitliches Datenschutzgesetz für alle EU-Mitgliedsstaaten und dient dem Schutz personenbezogener Daten.[177] Ein Verstoß dagegen wird mit hohen Bußgeldern von bis zu vier Prozent des Weltjahresumsatzes geahndet.[178]

---

[175] Vgl. Kreutzer(2018), S 580-581.
[176] Vgl. Ambros (2018), S. 4-5.
[177] Vgl. Ambros (2018), S. 2-3.
[178] Vgl. Schwenke (2018), o. S.

Zudem steigt mit einem Schadensersatzanspruch bei Datenschutzverletzungen die Wahrscheinlichkeit von Abmahnungen. Die DSGVO kommt dann zur Anwendung, wenn personenbezogene, d.h. identifizierende Daten verarbeitet werden. Dazu gehören aber nicht nur Name, Telefonnummer, E-Mail-Adresse oder Bildaufnahmen, auch *IP-Adresse*, *Cookies* oder *digitale Fingerprints* sind als Online-Kennungen personenbezogen.[179] Die Geschäftsmodelle vieler Social-Media-Plattformen, u. a. auch von Instagram, bauen auf der technischen Grundlage von Onlinemarketing auf und setzen die gleichen Tracking-, Werbe- und Marketing-Tools ein und schalten digitale Werbeanzeigen. Deswegen fällt das Social-Media-Marketing ebenfalls unter die Gesetzeslage der DSGVO.[180]

Für den Social Commerce gelten dieselben rechtlichen Anforderungen wie im übrigen Online-Handel, das heißt, die herkömmlichen Vorschriften aus Kauf-, Handels-, Wettbewerbs-, Urheber-, Steuer-, Gewerbe- und Verbraucherschutzrecht, sowie zusätzlich eine ganze Reihe spezifischer Gesetze und Rechtsnormen.[181] So muss beispielsweise das Unternehmen nach Art. 246a § 1 EGBGB seine Kunden noch vor Abgabe von deren verbindlicher Bestellung klar und verständlich u. a. über sämtliche entstehende Kosten und über die Kommunikationsdaten des Verkäufers informieren und ihn über etwaige gesetzliche Mängelgewährleistungs- und Widerrufsrechte belehren. Wenn er diesen Pflichten nicht nachkommt, verlängert sich z. B. die grundsätzlich 14 Tage betragende Widerrufsfrist zum Nach-

---

[179] Vgl. Schwenke (2018), o. S.
[180] Vgl. Ambros (2018), S. 9-10.
[181] Vgl. Vlachos (2019), o. S.

teil des Unternehmens auf maximal zwölf Monate und 14 Tage nach Vertragsschluss.[182]

Im Rahmen des Bestellvorgangs müssen zudem in transparenter, verständlicher und klarer Weise sämtliche Kosten, d. h. der Gesamtpreis der Waren inklusive aller Steuern und Abgaben, Fracht-, Liefer- oder Versandkosten sowie sonstiger im Voraus berechenbarer Kosten angegeben werden.[183] Verstößt das Unternehmen dagegen, entfällt dessen Anspruch auf diese Kosten und überdies liegt eine Ordnungswidrigkeit vor, die nach § 3 Abs. 2 Wirtschaftsstrafgesetz (WiStG)[184] sogar mit einem Bußgeld in Höhe von bis zu 25.000 Euro geahndet werden kann. Zudem zählen diese Regelungen zu den Marktverhaltensregelungen im Sinne des Gesetzes gegen den unlauteren Wettbewerb (UWG), sodass deren Verletzung gleichzeitig einen Verstoß gegen das UWG darstellt, der sowohl von Konkurrenten als auch von Verbraucherschutzverbänden abgemahnt werden kann.[185]

Auf der Grundlage der Forschungsergebnisse wird deutlich, dass bei der Abwicklung von Verkäufen über *Checkout on Instagram* eine Vielzahl rechtlicher Anforderungen berücksichtigt werden müssen. Und diese Aufzählung erhebt bei Weitem keinen Anspruch auf Vollständigkeit. Sie gibt lediglich einen Einblick in ein sehr komplexes, weitumspannendes und kontroverses Thema. Eine umfassende Betrachtung der Rechtsgrundlage zu diesem Thema würde den Ramen dieser Arbeit sprengen und wird daher nicht angestrebt.

---

[182] Vgl. Art. 246a § 1 EGBGB (2018), o. S.
[183] Vgl. Art. 246a § 1 Abs. 1 Nr. 4 EGBGB (2018), o. S.
[184] Vgl. § 3 Abs. 2 WiStG (2002), o. S.
[185] Vgl. Vlachos (2019), o. S.

4.2.2 Risiken des Sozialen Netzwerkes

Die Qualität des Werbumfeldes einer digitalen Anzeige hat maßgeblichen Einfluss darauf, wie Menschen die Anzeige und damit die Marke selbst wahrnehmen. Menschen reagieren auf den gesamten Kontext einer Werbung und nicht nur auf eine einzelne Komponente - und schlechte Gesellschaft erzeugt einen negativen *Halo-Effekt* und birgt das Risiko eines Image-Schadens für eine Marke. Deswegen ist die Qualität von Werbeumfeldern im digitalen Marketing ein ernstzunehmendes Thema und Gegenstand der im September 2019 veröffentlichten *Ripple Effect-Studie* von *Integral Ad Science (IAS)*.[186]

Den Ergebnissen der IAS-Studie zufolge lässt eine positive Wahrnehmung der Webseite den Werbeinhalt 74 Prozent positiver erscheinen. Zusätzlich rufen Anzeigen in einem qualitativ hochwertigen Umfeld 20 Prozent mehr Engagement hervor und werden bis zu 30 Prozent häufiger erinnert als solche, die in einem minderqualitativen Umfeld ausgespielt werden (siehe Abbildung 19).[187]

---

[186] Vgl. Theobald (2019), o. S.

[187] Für die Ripple Effect-Studie erhob IAS eine allgemeine Bevölkerungsstichprobe aus insgesamt sieben Märkten, darunter Deutschland, USA, UK und Frankreich. Befragt wurden Frauen und Männer ab einem Alter von 18 Jahren, Mai bis September 2019.Vgl. Integral Ad Science (IAS) (2019), S. 1-20.

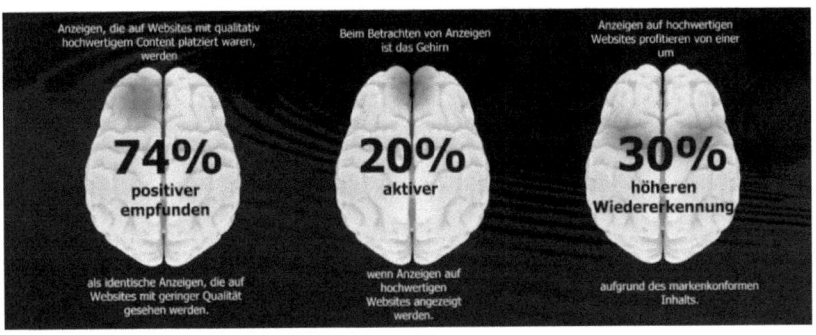

Abbildung 19: Wahrnehmung von Werbeanzeigen im Umfeld-Kontext[188]

Die IAS-Studie belegt ebenfalls, dass 83 Prozent der deutschen Verbraucher eine Marke negativer wahrnehmen, wenn ihre Anzeigen in minderwertiger Werbeumgebung auftauchen. Dieses Ergebnis schlägt sich auch in der Interaktionsrate nieder: In einem qualitativ hochwertigen Werbeumfeld ist das Engagement um 50 Prozent höher als in einem als minderwertig empfundenen Kontext. Und 65 Prozent geben sogar an, die Produkte der betreffenden Marke dann nicht mehr kaufen zu wollen. Damit beschränkt sich die Auswirkung des minderwertigen Werbeumfelds nicht nur auf das Image, sondern wird auch quantitativ an dem Umsatzrückgang messbar und wird somit zu einem erfolgskritischen Risikofaktor. Zudem machen knapp zwei Drittel (65 Prozent) der deutschen Verbraucher der Studie zufolge die werbenden Marken für das Umfeld einer digitalen Werbeanzeige verantwortlich.[189]

Jedoch haben die Unternehmen selbst keinen Einfluss darauf, zwischen welchen Posts ihre Werbeanzeigen positioniert werden und

---

[188] Quelle:IAS (2019), S. 3.
[189] Vgl. IAS (2019), S. 11-15.

leiten den Vorwurf an die Plattformbetreiber weiter. Facebook Inc. reagierte sehr zeitnah auf das Problem und erweiterte sein Marketing-Partner-Programm um den Bereich *Brand Safety*. Unternehmen, die auf diesem Gebiet über besondere Expertise verfügen, können sich künftig von Facebook Inc. entsprechend als Partner zertifizieren lassen und den Marken dabei helfen mehr Kontrolle über die Positionierung ihrer Werbung zu bieten. Mit dem Schritt will Facebook Inc. demonstrieren, dass man die Relevanz von Brand Safety für Werbungtreibende verstanden hat und ernst nimmt.[190]

Allerdings stellt Facebook Inc. als Plattformbetreiber von Instagram für Marken ein Risiko in Puncto Datensicherheit dar. Wie z. B. der Verstoß gegen die DSGVO wegen des Missbrauchs personenbezogener Daten von Millionen von Facebook-Nutzern in Zusammenhang mit der *Cambridge Analytica*-Affäre im Jahr 2017[191] deutlich macht. Aber auch Instagram selbst ist schon Gegenstand von Negativschlagzeilen gewesen. So wurden seitens Facebook Inc. ende März 2019 Millionen Passwörter von Instagram-Nutzern unverschlüsselt abgespeichert. Seitens Instagram wird zwar verlautet, dass den Nutzern dadurch keine konkreten Nachteile entstanden sind, da es keinen unautorisierten Zugriff auf die Dateien gegeben habe.[192] Besorgniserregend an dem Vorfall ist jedoch die Tatsache, dass ein Weltkonzern wie Facebook Inc. eine Grundregel der IT-Sicherheit nicht beherrscht. Die wiederkehrenden Negativschlagzeilen und die damit sinkende Reputation von Facebook könnten eine Sogwirkung auf Instagram ausüben und zu einem Abwärtstrend führen, sollte Facebook dieses Problem nicht in den Griff bekommen.

---

[190] Vgl. Rentz (2019), o. S.
[191] Vgl. Hedewig-Mohr (2019), o. S.
[192] Vgl. Fuest (2019b), o. S.

Neben den beiden oben genannten, besteht für Marken auf Instagram noch das Risiko des Influencer-Fehlgriffs, falls ein Influencer-Marketing betrieben wird, sowie das Risiko des unattraktiven Contents. Denn selbst ein aufwendig inszenierter und teuer produzierter Content liefert keine Garantie für den Erfolg, wenn es nicht die Zielgruppe anspricht. Ebenfalls risikobehaftet ist der Umgang mit schlechter Publicity, denn auch Negativ-Posts breiten sich global und in Echtzeit aus und können eine Marke empfindlich treffen. Die drei zuletzt genannten Risiken befinden sich im Einflussradius einer Marke und können durch eigene Ressourcen minimiert werden.

4.2.3 Ressourcenallokation

Grundsätzlich kann Instagram als Marketing-Kanal verschiedene Unternehmensziele sehr gut unterstützen. Es kann u. a. zur Marktforschung, zur Produktentwicklung, zur Prozessoptimierung, zur Imageverbesserung, zur Absatzsteigerung oder im Bereich Human Resources eingesetzt werden, etwa als Recruiting-Kanal und zur Stärkung des Employer-Branding (siehe Abbildung 20).[193] Von elementarer Bedeutung für den Erfolg der Marketingaktivitäten auf Instagram ist dabei die Verteilung der zur Verfügung stehenden Ressourcen eines Unternehmens. Gegenwärtig werden 62,3 Prozent des Social-Media-Werbebudgets für Facebook und nur 21 Prozent für Instagram, die Plattform mit dem stärksten Engagement, aufgewendet.[194] Das wirft die Frage auf: Erzielen Unternehmen mit ihrem Investment wirklich das bestmögliche Resultat?

---

[193] Vgl. Lammenett (2019), S. 430-431.
[194] Vgl. Socialbakers (2019), S. 22.

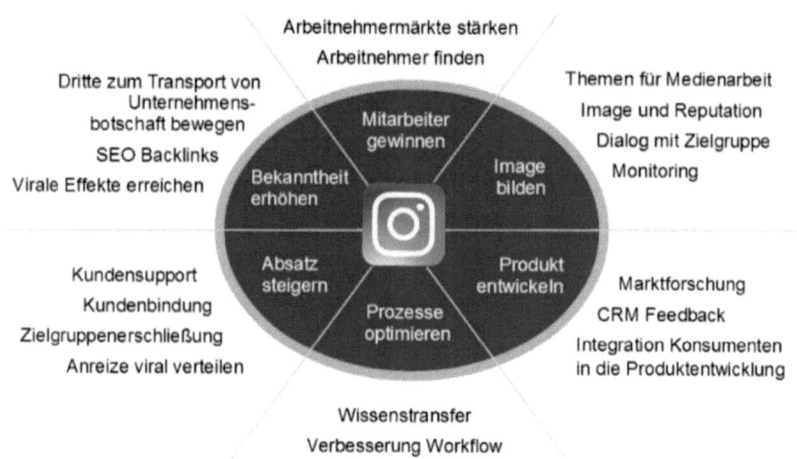

Abbildung 20: Mögliche Unternehmensziele für Instagram-Marketing[195]

In der Praxis sind das Marketing-Budget und die begrenzten personellen Ressourcen häufig die stark limitierenden Faktoren, die den Erfolg einer Marketing-Kampagne maßgeblich beeinflussen. Deshalb sollten vor dem Beginn einer Marketingoffensive einige strategische Entscheidungen getroffen werden, die eine effiziente Ressourcenallokation ermöglichen, wie z. B.:

---

[195] Quelle: Lammenett (2019), S. 431 mit eigener Ergänzung.

- Sollen operative oder strategische Ziele erreicht werden?
- Mit welchen Kanälen soll gearbeitet werden?
- Wer übernimmt die Verantwortung für den Content und
- Wer für dessen Distribution über die ausgewählten Kanäle?
- Sollen Influencer engagiert werden?
- Welche Budgetgrößenordnung steht für welchen Kanal zur Verfügung?
- Gibt es ein Krisenmanagement im Fall von *Shitstorm* oder *Fake News*?
- In welchen Fällen soll zur Unternehmensleitung eskaliert werden?

Ebenfalls sollte in dieser Phase die Frage der vorhandenen internen Kompetenzen geklärt werden. Wie in Kapitel 4.2.1 angeschnitten, unterliegt Social-Media-Marketing einer Vielzahl von Gesetzen und Verordnungen. Liegt dem Unternehmen genügend Know-how vor, um sich in den jeweiligen Kanälen sicher und gesetzeskonform bewegen zu können? Haben die verantwortlichen Mitarbeiter hinreichend Kompetenz und Erfahrung? Oder muss zunächst Beratungs-Know-how zugekauft werden? Um den neuen und sich schnell ändernden Anforderungen der Zukunft gerecht zu werden, müssen Unternehmen nicht nur ihre Mitarbeiter kontinuierlich weiterbilden, sondern auch die Ressourcenplanung und -allokation innerhalb der Marketingorganisation flexibel und abteilungsübergreifend gestalten. Silodenken ist kontraproduktiv und ineffizient.

4.3 Analyse der Ergebnisse von Kapitel vier

Auf der Basis der identifizierten Fakten der Kapitel drei und vier, sowie unter der Annahme der Realisierung der prognostizierten Features *Checkout* on Instagram und *Facebook Pay* lassen sich die Charakteristika von Instagram als Marketing- und Vertriebsplattform gegenüber dem Hauptkonkurrenten Facebook mittels eines Stärken-Schwächen-Diagramms wie folgt abbilden:

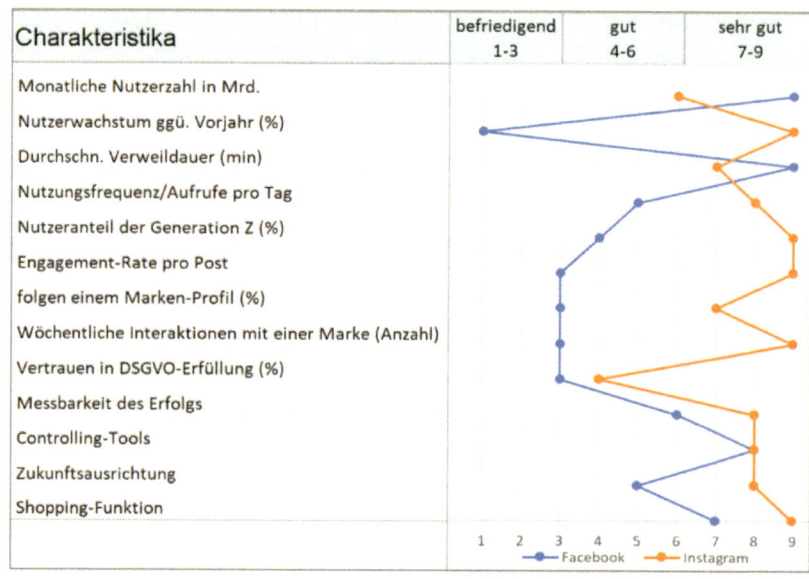

Abbildung 21: Stärken-Schwächen-Analyse: Instagram vs. Facebook[196]

---

[196] Quelle: Eigene Darstellung mittels einer EXCEL-Tabelle. Die detaillierte Version mit der Berechnung der Punkte befindet sich im Anhang 2.

Dabei wird deutlich, dass bei der durchschnittlichen Verweildauer auf der Plattform und bei der monatlichen Nutzerzahl, Facebook die eindeutig höheren Werte als Instagram aufweist (siehe Abbildung 21). Jedoch ist zu erwarten, dass das progressive Nutzerwachstum von Instagram und das stagnierende Nutzerwachstum von Facebook für eine Angleichung, wenn nicht sogar für eine Umkehr der Werte sorgen werden. In allen anderen Charakteristika hat Instagram schon gegenwärtig eine bessere Positionierung als die Schwester Facebook.

5 Systematisches Literatur-Review

Als patentes Instrument zur Erreichung der in Kapitel 1.2 genannten Ziele wurde das systematische Literatur-Review identifiziert. Dieses ermöglicht eine methodische Analyse der bestehenden Entwicklung auf dem Gebiet des Forschungsthemas. Dabei werden gemäß dem strukturierten Verfahren nach vom Brocke et al.[197] die lokalisierten Literaturquellen nach Relevanz extrahiert, exzerpiert, chronologisch gruppiert und für die Erstellung dieser Arbeit herangezogen. Die destillierten Ergebnisse sollen die Forschungsfrage beantworten und einen Handlungsbedarf auf dem Forschungsgebiet ermitteln helfen.

5.1 Definition des Forschungsumfangs

Der Fokus dieses Literatur-Reviews liegt auf der Aktualität der Forschungsergebnisse und der in die Zukunft orientierten Ausrichtung des Forschungsthemas. Deswegen besteht der quantitative Teil der Literatur aus aktuellen, nicht älter als ein Jahr in der Vergangenheit liegenden Veröffentlichungen und Studien von renommierten Forschungsinstituten. Des Weiteren werden qualifizierte Fachmagazine der Marketingbranche herangezogen, die über die Entwicklung auf dem Forschungsgebiet aktuell berichten. Weiter in die Vergangenheit reichende Quellen tangieren nicht die aktuelle Komponente dieser Arbeit, sondern stützen den Status quo auf dem Gebiet des Marketings. Das Primärziel ist die Integration der bestehenden und der aktuellen Forschungsergebnisse, um eine Aussage bezüglich der medialen und kommerziellen Bedeutung des Sozialen Netzwerkes Instagram als Marketing- und Vertriebskanal treffen zu können. Die

---

[197] Vgl. Vom Brocke et al. (2009), S. 5-13.

Gliederung der Literaturanalyse folgt einer historischen Organisation, um den Fortschritt des Themengebiets zu durchleuchten und die Notwendigkeit der Auseinandersetzung mit dem Forschungsthema aufzuzeigen. Der selektive Grad der Abdeckung der verwendeten Literatur ist subjektiv gewählt und erhebt nicht den Anspruch auf Vollständigkeit. Die Ausarbeitung des Themas richtet sich an ein Fachpublikum.

5.2 Durchführung der Literaturrecherche

Im nächsten Schritt des strukturierten Verfahrens folgt die Recherche relevanter Literatur. Die Basis für deren Durchführung bot im ersten Schritt eine grobe Gliederung des Themas und die daraus resultierende Auswahl der Keywords, die im zweiten Schritt für die Literatursuche im Gesamt-Katalog der Bibliothek der Hochschule eingesetzt wurden. Die ersten Keywords sind:

• Instagram Marketing	• *Checkout on Instagram*
• Social-Media-Marketing	• Marketing 4.0
• Online-Marketing	• Digitale Kommunikation
• *Instagram-Shopping*	• Web 2.0

Die mittels dieser Keywords identifizierten Buchquellen bildeten eine solide Grundlage für weitere Recherche nach dem Schneeballsystem.[198] Aufgrund der Aktualität und der Themenbreite fundierte das Buch von Erwin Lammenett mit dem Titel *Praxiswissen Online-Marketing*, erschienen 2019 im Springer Gabler Verlag, als Einstiegsquelle. Dieses Buch bot eine Zusammenstellung von relevanten Quellen im Literaturverzeichnis, die für die Rückwärtssuche verwendet

---

[198] Vgl. Disterer (2019), S. 71-74.

wurden. Es ließ sich ebenfalls gut für die Vorwärtssuche mittels *Google Scholar* verwenden, um weitere Quellen zu identifizieren, die dieses Buch ihrerseits zitierten (siehe Abbildung 22). Diese Vorgehensweise generierte ausreichend Inhalt, um damit das zweite Kapitel zu füllen, lieferte jedoch keinerlei Ergebnisse zur neuen und für diese Arbeit zentralen Funktion *Checkout on Instagram*.

Abbildung 22: Recherche nach dem Schneeballsystem[199]

Die thematisch relevante Auswahl von den im *German Marketing-Journal Ranking* auf den ersten 40 Plätzen mit der Kategorie A+/A/B bewerteten Marketing-Journale, wie *Journal of Marketing* (A+), *Journal of Marketing Research* (A+), *Journal of Consumer Research* (A+), *Journal of Retailing* (A), *Journal of Consumer Marketing* (B), lieferte keine Ergebnisse zu dem aktuellen und offenbar sehr spezifischen Thema der Forschungsarbeit.

Deswegen wurden für die Suche in den Datenbanken *WISO* und *EconBiz* und in der Onlinezeitschriften-Bibliothek der Hochschule die Keywords auf ausschließlich *Instagram Shopping* und *Checkout on Instagram* eingeschränkt, um die aktuellste Information zu diesem Thema zu extrahieren. Die für die Marketingbranche relevanten Zeit-

---

[199] Quelle: eigene Darstellung. Bild Buchcover: E-Book: Lammenett (2019).

schriften, die von den Marketing-Professoren der Hochschule Hannover als repräsentativ empfohlen wurden, sind folgende:

• Harvard Business Manager	• absatzwirtschaft
• Harvard Business Review	• W&V
	• Horizont
• Handelsblatt	

Im nächsten Schritt wurden die relevanten Artikel aus diesen Fachzeitschriften extrahiert und im Volltext gelesen. Artikel, die weiterhin als relevant eingestuft wurden, bildeten die Grundlage für eine Vorwärts- und Rückwärtssuche gemäß Abbildung 22 und lieferten eine ausreichende Menge an aktuellen Expertentexten, die in dieser Arbeit verschriftlicht wurden. Des Weiteren lieferte diese Methode eine Anzahl an Quellen, die fundierte Studien und statistische Erhebungen, sowie Analyseergebnisse veröffentlichen.

Die zunehmende Anzahl der Literaturquellen machte ein strukturiertes Management eben dieser notwendig. Das wurde mit dem Literaturverwaltungsprogramm *Citavi* und mit *EXCEL* bewerkstelligt. Mit Citavi wurden die Zitate aus bibliografischen Quellen exzerpiert und vorher definierten Kategorien zugeordnet, die der inhaltlichen Strukturierung des Reviews entsprechen. Mittels einer EXCEL-Tabelle wurden alle extrahierten Quellen erfasst und nach Erscheinungsjahr und Quellenursprung sortiert. Das fertige Resultat wird in folgendem Kapitel präsentiert.

5.3 Darstellung der Ergebnisse

Im Rahmen der Literatursuche wurden 17 Literaturquellen, 13 statistische Quellen, 35 Artikel aus (Online-)Magazinen und Zeitschriften, sowie 32 Internetquellen identifiziert. Da das vorliegende Review historisch organisiert ist, wurde eine chronologische Darstellung der Quellengewählt. Die Ergebnisse werden im Folgenden selektiert nach Quellenart und Erscheinungsjahr Jahr ohne Wertung oder Interpretation tabellarisch dargestellt (siehe Tabelle 2 bis 5).

Von den 23 im ersten Schritt identifizierten Literaturquellen wurden sechs ausgeschlossen, da sie das Thema nur oberflächlich tangieren und keine grundlegende Erkenntnis für diese Forschungsarbeit liefern. Lediglich 17 Literaturquellen wurden für signifikant befunden (siehe Tabelle 2).

Nr.	Jahr	Autor	Buchtitel
1	2006	Rucker, D., Petty, R.	Increasing Effectiveness of Communications to Consumers: Recommendations Based on the Elaboration Likelihood and Attitude Certainty Perspectives. Journal of Public Policy and Marketing
2	2010	Hettler, U.	Social media marketing. Marketing mit Blogs, sozialen Netzwerken und weiteren Anwendungen des Web 2.0
3		Kotler, P. et al.	Marketing 4.0. Der Leitfaden für das Marketing der Zukunft
4	2011	Haisch, P. T.	Bedeutung und Relevanz der Onlinemedien in der Marketingkommunikation
5	2014	Pein, V.	Der Social Media Manager – Handbuch für Ausbildung und Beruf
6	2015	Bruhn, M.; Hadwich, K.	Einsatz von Social Media für das Dienstleistungsmanagement
7	2016	Ellermann, B. et al.	SocialMedia- und Community-Management in 2016
8		Kreutzer, R. T.	Online-Marketing
9		The Boston Consulting Group	Digital or Die: The Choice for Luxury Brands.
10	2017	Kobilke, K	Marketing mit Instagram
11		Fries, P. J.	Influencer-Marketing-Informationspflichten bei Werbung durch Meinungsführer in Social Media
12		Hildebrandt, S.	Evolution der Werbewirkungsmodelle und -messmethodiken
13	2018	Kamps, I., Schetter, D.	Performance Marketing. Der Wegweiser zu einem mess- und steuerbaren Marketing - Einführung in Instrumente, Methoden und Technik
14		Kreutzer, R. T.	Praxisorientiertes Online-Marketing Konzepte – Instrumente – Checklisten
15		Datenschutz.org	Datenschutz im Online-Marketing – Infos zu Vorschriften und Stolperfallen
16	2019	Lammenett, E.	Praxiswissen Online-Marketing
17		Matthiesen, V	Instagram Marketing: Das Grundlagen Buch zu Online Marketing & Social Media.

Tabelle 2: Identifizierte Literaturquellen der Jahre 2006 - 2019

Bei den statistischen Quellen wurde auf Validität und Aktualität Wert gelegt. Auf dieser Grundlage wurden ausschließlich die im Jahr 2019 veröffentlichten Untersuchungsergebnisse von zertifizierten Instituten und Analysten verwendet (siehe Tabelle 3).

Nr.	Jahr	Herausgeber	Report-/Studientitel
18		The Nielsen Company	Global Trust in Advertising and Brand Messages Report
19		Deloitte	Deloitte Global Marketing Trends 2020 Report
20		Feedvisor	The 2019 Amazon Consumer Behavior Report
21		Socialbakers	Instagram vs. Facebook Report: Key Trends You Need to Know
22		Future BIZ	Instagram Statistiken für 2019
23		Statista	Anzahl der monatlich aktiven Instagram-Nutzer von Januar 2013 bis Juni 2018
24	2019	Absolit, DDV	Digital Marketing Monitor 2019, Studie
25		Adobe Digital Insights	A Mobile First World 2018, Report
26		AS&S	Media Perspektiven 2018, Studie
27		ECC Köln, Hermes	Stand, Land, Los!, Studie
28		IAS Insider	IAS Ripple Effect Studie - Wie Verbraucher die Qualität von Werbeumfeldern wahrnehmen
29		Medienpädagogischer Forschungsverbund Südwest	JIM-Jugend, Information, (Multi-) Media - Basisstudie zum Medienumgang 12- bis 19-Jähriger in Deutschland
30		Statista	Anzahl der Internetnutzer weltweit in den Jahren 2005 bis 2017

Tabelle 3: Identifizierte statistische Quellen 2019

Systematisches Literatur-Review

Nr.	Jahr	Herausgeber	Artikel-/Bericht-Titel
31	2007	International Journal of Digital Economics. O'Reilly, T.	What Is Web 2.0: Design Patterns and Business Models for the Next Generation of Software
32		Lange, C. für O'Reilly	Web 2.0 zum Mitmachen - Die beliebtesten Anwendungen. Whitepaper
33	2009	McKinsey Quarterly	The consumer decision journey. Bericht
34	2010	Business Horizons Magazine	Users of the world, unite! The challenges and opportunities of Social Media
35	2013	Zeit Online	Instagram-CEO Kevin Systrom-Der Herr der Filter
36	2014	Marketing Börse	Web 4.0: Die nächste Evolutionsstufe der Wertschöpfung. Bericht
37	2016	Future BIZ	Instagram marketing
38	2018	Future BIZ	Wie sich die Nutzung von Stories auf das Kaufverhalten auswirkt?
39			Instagram Shopping für alle Unternehmensprofile verfügbar. So aktiviert ihr es und nutzt alle Formate optimal
40			Instagram testet spezielle Profile für Influencer & Creator mit eigenen Statistiken und Funktionen
41		Springer Professional	Social-Media-Plattformen sind Verkaufsturbos
42		W&V	Mastercard-Marketer erklärt klassische Werbung für tot
43		Absatzwirtschaft	Social Commerce: Neue Features bei Facebook und Pinterest
44			Instagram startet In-App-Shopping-Funktion – und könnte Amazons Achillesferse treffen
45			Social Shopping: Ein Blick in die Zukunft des Bezahlens
46		Dexheimer, M. J.; Lechner, C.	Ökosystem-basierte Wettbewerbs-strategien. Editorial
47		Future BIZ	Checkout direkt auf Instagram: Das nächste Level von Instagram Shoppin
48	2019	Horizont	Facebook macht Instagram zur Shopping-Plattform
49			FACEBOOK PAY: Facebook bündelt Bezahlfunktionen seiner Plattformen unter neuer Marke
50			Wie KI das Einkaufen bei Instagram, Pinterest, Snapchat und Facebook erleichtert
51			Brand-Safety-Studie - Wie schlechte digitale Werbeumfelder die Nutzer beeinflussen
52			Brand Safety - So will Facebook für bessere Umfeldsicherheit sorgen
53			Vergehen gegen den Datenschutz: Strafen gegen Facebook und Österreichische Post
54			Facebook macht 6,1 Milliarden Dollar Gewinn - im Quartal
55		Internet World Business	E-Comerce Bericht: Das sind die 10 größten Online Shops weltweit
56			Instagram: Wie deutsche KMU Instagram nutzen. Bericht
57			Instagram Only: Wie kleine Unternehmen die Plattform nutzen. Bericht
58		Onlinemarketing-Praxis	Rechtliche Grundlagen für Social Media. Fachartikel
59		Stiftung Warentest Magazin	Digitale Welt für Einsteiger-Instagram
60		Welt	Instagram ist Facebooks heimlicher Erfolgsfaktor
61			Facebook speichert Millionen Instagram-Passwörter unverschlüsselt ab
62			Instagram ist Facebooks heimlicher Erfolgsfaktor
63		W&V	Checkout on Instagram: Shopping für Millennials
64			Marketing-Trends 2020: Im Mittelpunkt steht der Mensch
65			Social Media Marketing: Instagram steigert den Geschäftserfolg deutscher Unternehmen

Tabelle 4: Identifizierte Artikel aus Zeitschriften/Magazinen 2007- 2019

Die in Kapitel 5.2 genannten und in dieser Arbeit verwendeten Magazine und Fachzeitschriften lieferten Querverweise zu Artikeln in weiteren Fachzeitschriften. Defacto wurden 35 Artikel gelesen und exzerpiert (siehe Tabelle 4). Die digitalen Ausgaben der eben genannten Artikel enthielten ebenfalls Verlinkungen zu Studien und zu

Internetquellen. Die Multiplikatorwirkung der Schneeballmethode bot den Zugang zu einer Vielzahl von Internetplattformen, von denen 32 maßgeblichen Einfluss auf diese Arbeit hatten (siehe Tabelle 5).

Nr.	Jahr	Herausgeber	Onlineartikel-Titel
66	2013	IT-Wissen	Web 3.0, Definition
67	2015	Datenschmutz.net	Alles über Instagram: Funktionen, Fakten, Best Practices
68		Deutschland.de	Die erste Webseite der Welt
69		Business Insider	Instagram rolls out shoppable posts for more merchants
70	2017	Content Marketing Star	Facebook-Statistik: Welche KPIs sind wirklich relevant?
71		Steady News	Referral Marketing: Definition und Einsatz im Online-Marketing
72		Studio9 Echte Webstartegie	Return on Marketing Investment (RoMI) messen
73		Digital-Magazin	Gamification Techniken im SEO nutzen
74			Revision von Big Data
75		Gabler Wirtschaftslexikon	Revision von Data Mining
76			Revision von Marketing 4.0
77	2018	Mc Kinsey Company	„True Gen": Generation Z and ist implications for companies
78		MEEDIA	Instagram wäre als eigenständiges Unternehmen bereits mehr als 100 Milliarden Dollar wert
79		Social Hub	Die Datenschutzreform – Wie sie sich auf Social Media- und Onlinemarketing auswirkt
80		South China Mourning Post	China's young consumers don't just want to shop online – they want to be entertained while doing it
81		Absolventa	Generation XYZ – der Überblick über die Generationen auf dem Arbeitsmarkt
82		E-Marketer	Globaler E-Commerce 2019: E-Commerce gewinnt angesichts der globalen wirtschaftlichen Unsicherheit weiter stark an Stärke
83		Facebook for Business	Ergebnisse deiner Facebook-Werbeanzeige im Werbeanzeigenmanager ansehen
84			So richtest du Instagram Shopping ein
85			Business Tools
86		Instagram Business-Team	Unsere Geschichte
87			Neu bei Instagram Shopping: Checkout
88	2019	Institut für Medien und Kommunikationspolitik	Internationale Medienkonzerne - Facebook Inc.
89		Internet World Business	Online-Handel Definition
90		Internet-Fakten.de	Internet-Geschichte, Web 1.0.
91		Mobile Zeitgeist	Social Commerce: Eine Bestandsaufnahme
92		One to One New Marketing Management	So lohnt sich Instagram für kleinere Unternehmen
93		Onlinemarketing.de	Business, Creator oder Standard: Welches Instagram-Profil ist das richtige?
94		Onlinemarketing-Praxis	Definition Customer Journey
95			Definition Social Commerce
96		t3n Digital Pioniers	Das sind die erfolgreichsten Youtube-Videos 2019
97		Zukunftsinstitut	Megatrends, Konnektivität

Tabelle 5: Identifizierte Internetquellen 20013- 2019

Die Methodik des vorliegenden Literatur-Reviews wurde in Kapitel fünf detailliert beschrieben und entspricht den Ansprüchen der Rigorosität. Aufgrund dieses Vorgehens kann das Literaturreview reproduziert werden.

6 Fazit

Diese Forschungsarbeit hat sich mittels eines systematischen Literatur-Reviews ausführlich mit den Charakteristika des Marketing 4.0 und der unabdingbar gewordenen Anpassung der Marketingstrategie an das konnektive Zeitalter beschäftigt. Gegenstand der Forschungsfrage - *Warum Unternehmen Social-Media-Marketing-Strategien haben sollten* - ist das Soziale Netzwerk Instagram und seine zunehmende wirtschaftliche Bedeutung als Marketing- und Vertriebskanal. Die wissenschaftliche Untersuchung des Forschungsthemas identifizierte eine Lücke in der klassischen Literatur, die der Aktualität des Themas geschuldet ist und ein Ausweichen auf zeitgemäße Quellen, wie Zeitschriften und Magazinen, bedingte.

Um die Relevanz des Forschungsthemas zu verdeutlichen muss ein Zusammenhang zu der gesellschaftlichen und digitalen Entwicklung der letzten Jahre hergestellt werden. Ausgelöst durch die Ausweitung des Internets und den Fortschritt des Web 2.0 und basierend auf der exzessiven Nutzung des Smartphones, das zu einem universellen, zeit- und ortsunabhängigen Kommunikationsmittel avanciert, vernetzt sich der mobile Konsument, allen voran die Generation Z, in globalen Gemeinschaften und verschiebt dadurch die medialen und gesellschaftlichen Machtverhältnisse. Bedingt durch die zunehmende Vernetzung und Mobilität des Konsumenten, wird paradoxerweise die Ressource Zeit immer knapper und die Customer Journey zunehmend kanalagnostischer. Infolgedessen verlieren die klassischen Werbebotschaften ihre Wirkung. Denn im konnektiven Zeitalter verkörpert authentischer nutzergenerierter Content die neue Werbung und Hashtag den neuen Slogan. Als Reaktion darauf werden die Marketingaktivitäten durch eine Integration der Offline- und Onlinekanäle zum Multichannel-Marketing verzahnt. Digitales und klassisches Marketing koexistieren im Marketing 4.0 mit einem gemeinsamen

Ziel: Kunden als Markenbotschafter zu gewinnen. Demzufolge und gemäß dem Trend der Menschzentrierung ist es für Unternehmen existenzsichernd, sowohl physikalische als auch digitale Touchpoints in der Customer Journey zu integrieren und die Marketingaktivitäten zunehmend auf die Sozialen Netzwerke auszuweiten.

Als Foto- und Videosharing-Plattform gestartet, avancierte Instagram während der letzten Jahre zur Freizeitbeschäftigung der Generation Z und zum Influencer-Hotspot. Die Übernahme durch die Facebook Inc. stellte einen Ressourcen- und Know-how-Zugewinn für Instagram dar und steigerte dessen Attraktivität bei der jungen Zielgruppe. Während Facebook zunehmend mit Nutzerschwund kämpft, verzeichnet Instagram einen exponentiellen Nutzerzuwachs. Dabei ist das Erfolgsrezept sehr simpel - mit Bildern Emotionen wecken und mit einfacher wertschätzender Kommunikation in Herzform reziprokes Verhalten stimulieren, gemäß dem Motto: du *likest* mich und ich *like* dich. Auf Instagram werden mittels Bilder, Emoticons und Hashtags kulturelle, religiöse und sprachliche Barrieren überwunden und Interaktionen, über die Landesgrenzen hinweg und in Echtzeit 500 Millionen Mal täglich ausgetauscht. Daher ist es naheliegend, dass der Gründer und CEO von Facebook Inc., Marc Zuckerberg diese Reichweite zu monetarisieren sucht und Instagram mit kommerzialisierenden Spezifika aufwertet. Diese erlauben den Unternehmen mittels statistisch fundierter Zielgruppenansprache Werbung auf der Plattform zu betreiben und seit einem Jahr ebenfalls Absatz zu generieren. Features wie das Markieren von Produkten im Feed und in Stories, *Instagram Shopping*, *Checkout on Instagram* und zuletzt *Facebook Pay* verzahnen das Soziale Netzwerk zunehmend mit dem E-Commerce und zahlen auf Onlineumsätze ein. Mit *Checkout on Instagram* wird der Weg zum reibungslosen Einkaufserlebnis ohne Medienbruch geebnet. Ab 2020 werden alle fünf Phasen der Customer

Journey mit der App abgedeckt und Instagram wird zu einem digitalen Marktplatz transformiert.

Die Untersuchung hat gezeigt, dass Instagram als Vertriebskanal gegenwärtig in den Marketing-Chefetagen der deutschen Unternehmen noch keinen hinreichenden Zuspruch findet. Und auch als Marketingkanal muss Instagram der in dieser Arbeit als intratypischen Konkurrentin identifizierten Schwester Facebook den Vortritt gewähren. Infolgedessen wurden im Rahmen dieser Forschungsarbeit mittels einer Stärken-Schwächen-Analyse die beiden Kontrahenten gegenübergestellt. Das Resultat fiel dabei zu Gunsten von Instagram aus, das durch regelmäßige Upgrades in eine konsistente Marketingplattform mit bezahlter Werbung, Targeting-Tools und eindeutiger Zukunftsausrichtung auf Social Commerce, transformiert wurde. Die hohe Engagement-Rate und die Shopping-Bereitschaft der Nutzer, sowie alle Touchpoints des Kaufentscheidungsprozesses in einem Kanal, sind einige der Attribute von Instagram als Marketing-Plattform. *Checkout on Instagram* zusammen mit der einheitlichen Bezahlfunktion sind neue und wesentliche Attribute von Instagram als Vertriebskanal, die eine Webseite und einen Webshop obsolet machen. Das bietet gerade den kleinen Unternehmen enormes Einsparpotenzial. Die implementierten Analyse- und Targeting-Tools liefern kostenfrei die Werte für die Berechnung der wichtigsten Marketingkennzahl ROMI und gewährleisten die Erfolgsmessung.

Im Verlauf dieser Arbeit wurden auch einige Risiken im Instagram-Marketing identifiziert. Beispielsweise fallen hohe Strafzahlungen an, wenn ein Verstoß gegen die für den Online-Handel geltenden Datenschutz- und Rechtsgrundlagen vorliegt. Die Gefahr eines Image-Schadens für das Unternehmen besteht durch den noch mangelnden Einfluss auf das Werbeumfeld, durch die Unberechenbarkeit der Netzdynamik, oder die Reaktion auf einen misslungenen Content.

Ebenfalls ist ungewiss wie die deutschen Nutzer *Checkout on Instagram* annehmen, ob sie bereit sind ihre Zahlungsdaten direkt bei Instagram zu hinterlegen oder ob sie weiterhin die Zahlung über die Webshops bevorzugen. Daher wird den Unternehmen empfohlen die Synergien von Facebook und Instagram zu nutzen, um das Risiko zu streuen und maximalen Nutzen zu erzielen. Besonders bei Produkten mit einer breiten Zielgruppe ist der kombinierte Einsatz sinnvoll. Den deutschen CMOs ist es daher zu empfehlen, bei der Mediaplanung die Ressourcen nicht mehr nach dem Prinzip *Facebook first* zu verteilen, sondern die aktuelle Marktentwicklung und Trends einzubeziehen. Infolgedessen gehört Instagram, über das Thema *Social Advertising* hinaus, auf die Prioritätenliste der CMOs - und zwar als Marketing- und Vertriebskanal.

Die vorliegende qualitative Arbeit könnte als Basis für eine quantitative Folgeuntersuchung fungieren. Diese sollte nach dem Launch der angekündigten Features und, sobald vorhanden, mittels valider Zahlen aus Geschäftsberichten von Unternehmen durchgeführt werden. Infolgedessen könnte eine anhand der Forschungsfrage formulierte Hypothese dazu dienen, die Signifikanz der prognostizierten, umsatzsteigernden Wirkung von Instagram als Vertriebskanal mithilfe einer Statistik- und Analyse-Software zu analysieren.

Anhang

Anhang 1: Social-Media-Kennzahlen[200]

---

[200] Quelle: Lammenett (2019), S. 494-495.

Anhang

Kennzahl	Erläuterung
Anzahl Bestellungen	Anzahl der durch einen Kampagnenbaustein, ein bestimmtes Werbemittel oder gar ein einzelnes Keyword erzielten Bestellungen.
Conversions	Anzahl der Website-Besucher, die eine gewünschte Transaktion durchgeführt haben. Eine Transaktion kann z. B. ein Kauf, das Ausfüllen eines Formulars, das Abonnieren eines Newsletters o. Ä. sein.
Conversion-Rate (CR)	Verhältnis zwischen den erreichten Conversions und der Anzahl der Besucher (Klicks), die durch eine Kampagnenkomponente (Werbemittel, Keyword etc.) auf die Zielwebsite gelenkt wurden. CR = Conversions / Klicks x 100
Cost per Click (CPC)	Die Kosten in Euro, die für einen neuen Besucher (Klick) gezahlt werden (auch Cost per Click-Thru genannt).
Cost per Conversion	Die Kosten, die pro gewünschter Transaktion anfallen. Diese lassen sich i. d. R. auf die unterste Ebene einer Kampagne, also auf das Werbemittel oder das Keyword, herunterbrechen.
Cost per Lead (CPL)	Bezeichnet die Kosten, die zur Erlangung eines jeden neuen Kontaktes anfallen. Dieser Wert ist im Prinzip identisch mit den „Cost per Conversion", da ein Lead auch gleichzeitig eine Conversion darstellt. Die Kennzahl CPL kommt bei Kampagnen zum Tragen, bei denen nicht direkt über das Internet verkauft wird. Beispielsweise im Assekuranzumfeld, wo es lediglich darauf ankommt, Adressen von Interessenten zu gewinnen, da die Produkte zu erklärungsbedürftig sind, als dass sie über das Internet verkauft werden könnten.
Cost per Order (CPO)	Bezeichnet die Kosten, die je Bestellung anfallen. Dieser Wert kann pro Kampagne, pro Baustein einer Kampagne oder pro einzelnem Werbemittel, ja sogar einzelnem Keyword betrachtet werden.
Gewinn je Euro (ROI)	Bezeichnet den Gewinn je eingesetztem Euro Werbebudget. Wiederum gilt, dass dieser Wert pro Kampagne, pro Baustein einer Kampagne oder pro einzelnem Werbemittel betrachtet werden kann.
Klickrate (Click-Through-Ratio, CTR)	Verhältnis zwischen den Einblendungen eines Werbemittels (Impressions) und der Anzahl der Klicks. CTR = I / Klicks x 100
Klicks	Anzahl der Besucher, die auf ein entsprechendes Werbemittel geklickt haben und so auf die Website des Werbetreibenden gelangt sind.
Kosten je Bestellung	Kosten der Kampagne, eines Kampagnenbausteins oder eines Werbemittels geteilt durch die Anzahl der jeweils herbeigeführten Bestellungen.
Kosten je Bestellung durch Wiederkäufer	Kosten der Kampagne, eines Kampagnenbausteins oder eines Werbemittels geteilt durch die Anzahl der jeweils herbeigeführten Bestellungen durch Wiederkäufer.

Anhang

Kundenwert (Customer Lifetime Value)	Der Kundenwert ist eine wirtschaftliche Kundenlebenszeitbetrachtung. Der Wert geht davon aus, dass ein neu akquirierter Kunde im Laufe seines Kundenlebens nicht nur eine, sondern mehrere Bestellungen tätigt. Der abgezinste Gewinn, der durch diese Bestellungen erzielt wird, stellt den Wert eines Neukunden zum Zeitpunkt der Erstbestellung dar. Dieser Wert lässt sich nur als Durchschnittswert auf der Basis von Vergangenheitswerten ermitteln, ist aber grundsätzlich eine sehr interessante Kennzahl zur Beurteilung von Erfolg oder Misserfolg einzelner Kampagnenbausteine.
Nettokäufe	Anzahl der durch die Kampagne generierten Käufe bereinigt um die Retouren.
Neukontakte (Leads)	Anzahl der durch die Kampagne generierten Neukontakte.
Page Impressions (PIs)	Page Impression (früher auch Page-Views) ist ein Begriff aus der Internetmarktforschung und bezeichnet den Abruf einer Einzelseite innerhalb einer Website.
Retouren	Anzahl der Rücklieferungen. Ein getrenntes Monitoring der Rücklieferungen kann interessant sein, um beurteilen zu können, ob die Kunden, die durch Online-Marketing akquiriert werden, tendenziell höhere Retourenkosten verursachen als der Durchschnitt aller anderen Kunden.
Umsatz	Umsatz, der durch die Kampagne, einen Kampagnenbaustein oder ein einzelnes Werbemittel erreicht wurde.
Umsatz je Bestellung	Umsatz, der durchschnittlich je Bestellung erreicht wird. Dieser Wert kann als Vergleichswert zu anderen, nicht dem Online-Marketing zuzuordnenden Maßnahmen herangezogen werden.
Umsatz je eingesetztem Euro	Umsatz je für die Kampagne eingesetztem Euro. Auch für diesen Wert gilt, dass er pro Kampagnenbaustein oder für einzelne Werbemittel betrachtet werden kann.
Umsatz je Euro mit Wiederkäufer	Von Wiederkäufern getätigter Umsatz je eingesetztem Euro Werbebudget.
Wiederkäufer	Anzahl der Wiederkäufer, also derjenigen Kunden, die durch eine Kampagne oder einen Kampagnenbaustein akquiriert wurden und mehrfach gekauft haben. Diese Kennzahl erlaubt eine Aussage über die Kundentreue der durch die Kampagne erlangten Neukunden.

Anhang

Anhang 2: Stärken-Schwächen-Analyse für Jahr 2020 (inkl. Checkout)[201]

Charakteristika	Bedeutung für Unternemen (gering/hoch/sehr hoch)	Tatsächliche Werte		Punkteverteilung befriedigend: 1,2,3; gut: 4,5,6; sehr gut: 7,8,9	
		Instagram	Facebook	Instagram	Facebook
Monatliche Nutzerzahl in Mrd.	hoch	1	2,4	6	9
Nutzerwachstum ggü. Vorjahr (%)	sehr hoch	10	-10	9	1
Durchschn. Verweildauer (min)	sehr hoch	32	35	7	9
Nutzungsfrequenz/Aufrufe pro Tag	sehr hoch	13	9	8	5
Nutzeranteil der Generation Z (%)	sehr hoch	66	64	9	4
Engagement-Rate pro Post	sehr hoch	208,8	3,6	9	3
folgen einem Marken-Profil (%)	hoch	80	49	7	3
Wöchentliche Interaktionen mit einer Marke (Anzahl)	sehr hoch	192	45	9	3
Vertrauen in DSGVO-Erfüllung (%)	hoch	49	37	4	3
Messbarkeit des Erfolgs	sehr hoch	besser	gut	8	6
Controlling-Tools	sehr hoch	sehr gut	sehr gut	8	8
Zukunftsausrichtung	sehr hoch	sehr gut	gut	8	5
Shopping-Funktion	sehr hoch	sehr gut	gut	9	7

Die ermittelten Punkte wurden auf Basis der tatsächlichen Werte aus den in dieser Arbeit zitierten Studien und Statistiken und unter Berücksichtigung der Bedeutung für Unternehmen berechnet und mit einem Punktediagramm visualisiert:

---

[201] Quelle: Eigene Darstellung mittels EXCEL. Die Quellen für die Werte stehen unter der Tabelle.

Anhang

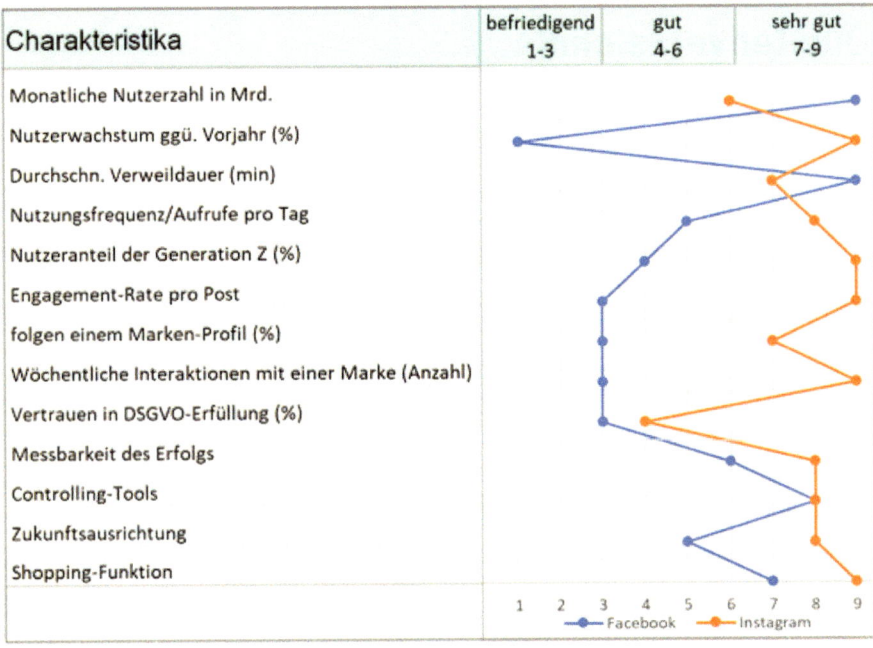

Quellenverzeichnis

Absolventa (2019): Generation XYZ – der Überblick über die Generationen auf dem Arbeitsmarkt, in: Absolventa Karriereguide, unter: www.absolventa.de/-karriereguide/berufseinsteiger-wissen/xyz-generationen-arbeitsmarkt-ueberblick [abgerufen am: 29.11.2019].

Abtan, O. et al. (2016): Digital or Die: The Choice for Luxury Brands, in: The Boston Consulting Group (BCG), unter: www.bcg.com/de-de/publications/2016/digital-or-die-choice-luxury-brands.aspx [abgerufen am: 29.11.2019].

Adobe Digital Insights (2018): A Mobile First World 2018, in: LinkedIn, SlideShare, unter: www.slideshare.net/adobe/adobe-digital-insights-a-mobile-first-world-2018-89090904 [abgerufen am: 28.11.2019].

Ambros, M. (2018): Datenschutz im Online-Marketing. Infos zu Vorschriften und möglichen Stolperfallen, in: Datenschutz.org, E-book, unter:www.daten-schutz.org/ebook-datenschutz-online-marketing.pdf [abgerufen am: 14.12.2019].

Bauer, A. (2019): Internet-Geschichte, Web 1.0, in: Internet-Fakten.de, unter: www.internet-fakten.de/internet-geschichte/web-1-0/ [abgerufen am: 28.11.2019].

Bauer, T. (2019): Business, Creator oder Standard: Welches Instagram-Profil ist das richtige?, in: onlinemarketing.de, unter: https://onlinemarketing.de/news/business-creator-oder-privat-welches-instagram-profil-ist-das-richtige [abgerufen am: 14.12.2019].

Bendel, O. (2018): Definition Big Data, in: Gabler Wirtschaftslexikon, unter: https://wirtschaftslexikon.gabler.de/definition/big-data-54101/version-277155 [abgerufen am: 14.10.2019].

Bruhn, M., Hadwich, K. (2015): Einsatz von Social Media für das Dienstleistungsmanagement, Wiesbaden: Gabler.

Christe, J. (2019): Das sind die erfolgreichsten Youtube-Videos 2019, in: t3n digital pioneers, unter: https://t3n.de/news/erfolgreichsten-youtube-videos-1230957/ [abgerufen am: 13.12.2019].

Clement, J. (2019): Anzahl der monatlich aktiven Instagram-Nutzer von Januar 2013 bis Juni 2018 (inMillionen), in: Statista.de, unter:www.statista.com/statistics/253577/number-of-monthly-active-instagram-users [abgerufen am: 08.12.2019].

Court, D., Elzinga, D., Mulder, S., Vetvik, O. (2009): The consumer decision journey, in: McKinsey&Company, unter: www.mckinsey.com/business-functions/marketing-and-sales/our-insights/the-consumer-decision-journey [abgerufen am: 22.11.2019].

Deutschland.de (2015): Die erste Webseite der Welt, in: Deutschland.de, unter: www.deutschland.de/de/topic/wirtschaft/innovation-technik/die-erste-website-der-welt [abgerufen am: 28.11.2019].

Dexheimer, M. J., Lechner, C. (2019): Ökosystem-basierte Wettbewerbsstrate-gien, in: Die Unternehmung - Swiss Journal of Business Research andPractice , S. 308 – 321, Jahrgang 73, Heft 4, ISSN online: 0042-059x, in: Nomos eLibrary, unter: https://doi.org/10.5771/0042-059X-2019-4-308 [abgerufen am: 05.11.2019].

Diesterer, G. (2019): Studien-und Abschlussarbeiten schreiben: Seminar-, Bachelor-und Masterarbeiten in den Wirtschaftswissenschaften, Berlin, Heidelberg: Springer Gabler.

Duvinage, B. (2019): Instagram steigert den Geschäftserfolg deutscher Unter-nehmen, in: W&V, Marketing, Social Media Marketing, unter: www.wuv.de/marketing/instagram_steigert_den_geschaefts erfolg_deutscher_unternehmen [abgerufen am: 22.11.2019].

Eberhardt, H. (2019): Social Commerce: Neue Features bei Facebook und Pin-terest, in: absatzwirtschaft, unter: www.absatzwirtschaft.de/social-commerce-neue-features-bei-facebook-und-pinterest-165025/ [abgerufen am 12.11.2019].

Einführungsgesetz zum Bürgerlichen Gesetzbuch EGBGB (2018) in der Fas-sung vom 01.07.2018, in: dejure.org Rechtsinformationssysteme, unter: https://dejure.org/gesetze/EGBGB/246a.html [abgerufen am: 14.12.2019].

Ellermann et al. (2016): SocialMedia- und Community-Management in 2016, Nordkirchen: Bundesverband CommunityManagement e. V. für digitale Kommunikation und Social-Media.

Eroglu, H. (2019): Social Shopping: Ein Blick in die Zukunft des Bezahlens, in absatzwirtschaft, unter: www.absatzwirtschaft.de/social-shopping-in-deutschland-wird-bezahlbar-160162/ [abgerufen am: 21.11.2019].

Facebook for Business (2019a): Ergebnisse deiner Facebook-Werbeanzeige im Werbeanzeigenmanager ansehen, in: facebook.com, Hilfebereich für Wer-bung, Ergebnisse und Berichte, unter: www.facebook.com/business/help/318580098318734?id=369013183583436 [abgerufen am: 25.12.2019].

Facebook for Business (2019b): Werbeanzeige erstellen: So richtest du Instagram Shopping ein, in: facebook.com, Business, Instagram Shopping Guide, unter: www.facebook.com/business/instagram/shopping/guide [abgerufen am: 25.12.2019].

Fasse, M. (2019): Digitale Welt für Einsteiger-Instagram, Berlin: Stiftung Warentest.

Feedvisor (2019): The 2019 Amazon Consumer Behavior Report, in: Feedvisor, unter: https://fv.feedvisor.com/CN_2019_Amazon-Consumer-Behavior-Report.html? [abgerufen am: 02.11.2019].

Feierabend, S., Rathgeb, T., Reutter, T. (2018): JIM-Studie 2018: Jugend, Information, (Multi-) Media - Basisstudie zum Medienumgang 12- bis 19-Jähriger in Deutschland, in: Medienpädagogischer Forschungsverbund Südwest (mpfs), unter: www.mpfs.de/studien/jim-studie/2018/ [abgerufen am: 03.12.2019].

Firsching, J. (2017): Instagram Marketing für Unternehmen, in: FutureBIZ.de, Themen, Instagram, unter: www.futurebiz.de/leitfaden-instagram-marketing/ [abgerufen am: 14.12.2019].

Firsching, J. (2018a): Marketing mit Stories auf Instagram und Facebook: Wie sich die Nutzung von Stories auf dasKaufverhalten auswirkt?, in:Future-BIZ.de, Artikel, unter: www.futurebiz.de/artikel/marketing-mit-stories/ [abgerufen am: 25.12.2019].

Firsching, J. (2018b): Instagram Shopping für alle Unternehmensprofile verfüg-bar. So aktiviert ihr es und nutzt alle Formate optimal, in: FutureBIZ.de, Artikel, unter: www.futurebiz.de/artikel/instagram-shopping/ [abgerufen am: 25.12.2019].

Firsching, J. (2018c): Instagram testet spezielle Profile für Influencer & Creator mit eigenen Statistiken und Funktionen, in: FutureBIZ.de, Artikel, unter: www.futurebiz.de/artikel/instagram-profile-influencer-creator/ [abgerufen am: 25.11.2019].

Firsching, J. (2019a): Instagram Statistiken für 2019: Nutzerzahlen, Instagram Stories, Instagram Videos & tägliche Verweildauer, in: FutureBIZ.de, Artikel, unter: www.futurebiz.de/artikel/instagram-statistiken-nutzerzahlen/ [abgerufen am: 16.12.2019].

Firsching, J. (2019b): Interaktivität statt Unterbrecherwerbung: Facebook Um-fragen, Augmented Reality & Playable Ads, in: FutureBIZ.de, Artikel, unter:https://www.futurebiz.de/artikel/facebook-anzeigen-umfragen-augmented-reality-playable-ads/ [abgerufen am: 25.12.2019].

Firsching, J. (2019c): Future BIZ, Checkout direkt auf Instagram: Das nächste Level von Instagram Shopping, in: FutureBIZ.de, Artikel, unter: Internet https://www.futurebiz.de/artikel/checkout-instagram-shopping/ [abgerufen am: 26.11.2019].

Frees, B., Koch, W. (2018): AS&S ARD/ZDF-Onlinestudie 2018: Zuwachs bei medialer Internetnutzung und Kommunikation, in: Media Perspektiven, Heft 9, S. 398-413, unter: https://www.ard-werbung.de/fileadmin/user_upload/media-perspektiven/pdf/2018/0918_Frees_Koch_2019-01-29.pdf [abgerufen am: 28.11.2019].

Fries, P. J. (2018) Influencer-Marketing-Informationspflichten bei Werbung durch Meinungsführer in Social Media, Wiesbaden: Springer.

Fuest, B. (2019a): Instagram ist Facebooks heimlicher Erfolgsfaktor, in: welt.de, Wirtschaft, Digital, unter: www.welt.de/wirtschaft/webwelt/article192480719/Instagram-ist-Facebooks-heimlicher-Erfolgsfaktor.html [abgerufen am: 05.12.2019].

Fuest, B. (2019b): Facebook speichert Millionen Instagram-Passwörter unver-schlüsselt ab, in: Welt-Wirtschaft-Digital, Webwelt&Technik, Datenschutz, unter: www.welt.de/wirtschaft/webwelt/article192170187/Facebook-Millionen-Instagram-Passwoerter-unverschluesselt-abgespeichert.html. [abgerufen am: 15.11.2019].

Gmelch, A. (2019): Social Commerce: Eine Bestandsaufnahme, in: mobile zeitgeist, Startseite, Mobile Commerce, unter: www.mobile-zeitgeist.com/social-media-e-commerce-social-commerce-vertriebskanal-online-shop/ [abgerufen am: 28.11.2019].

Haisch, P. T. (2011): Bedeutung und Relevanz der Onlinemedien in der Marke-tingkommunikation, in: Theobald, E., Haisch, P. T. (Hrsg.), E-Branding. Grundlagen, Strategien und Praxisbeispiele für die erfolgreiche Markenführung im Internet, Wiesbaden: Gabler, S. 79–93.

Hedewig-Mohr, S. (2019): Vergehen gegen den Datenschutz: Strafen gegen Facebook und Österreichische Post, in: Horizont, Planung&Analyse, Nach-richten, unter: www.horizont.net/planung-analyse/nachrichten/vergehen-gegen-den-datenschutz-strafen-gegen-facebook-und-oesterreichische-post-178649 [abgerufen am: 15.11.2019].

Heintze, R. (2019): Abwärtstrend ungebrochen: Facebook verliert weiter an Boden, in: faktenkontor.de, Social-Media-Atlas 2019, unter: www.faktenkontor.de/pressemeldungen/abwaertstrend-ungebrochen-facebook-verliert-weiter-an-boden/ [abgerufen am: 15.11.2019].

Hettler, U. (2010): Social media marketing. Marketing mit Blogs, Sozialen Netz-werken und weiteren Anwendungen des Web 2.0, München: Walter de Gruyter.

Heuser, U. J. (2016): Geschichten eines Bilderstürmers. Der Gründer des Foto-Netzwerks Instagram will die Informationsgesellschaft revolutionieren – und setzt sich dafür selbst in Szene, in: ZEIT ONLINE, Digital, Instagram, DIE ZEIT Nr. 16/2016, unter: www.zeit.de/2016/16/instagram-kevin-systrom-soziale-medien [abgerufen am: 05.12.2019].

Hildebrandt, S. (2018): Evolution der Werbewirkungsmodelle und-mess-methodiken, in: Werbeerfolg von 2D-und 3D-Kinowerbung, Wiesbaden: Springer Gabler, S40-47.

Horizont Online (2019): Erwartungen übertroffen: Facebook macht 6,1 Milliar-den Dollar Gewinn - im Quartal, in Horizont.net, unter: www.horizont.net/medien/nachrichten/erwartungen-uebertroffen-facebook-macht-61-milliarden-dollar-gewinn--im-quartal-178657 [abgerufen am: 10.11.2019].

Ihnenfeldt, E. (2018): Referral Marketing: Definition und Einsatz im Online-Marketing, in: Steady News, Social Media, unter: https://steadynews.de/socialmedia/referral-marketing-auf-deutsch [abgerufen am: 02.01.2020].

Instagram (2019): @shop is now open, in Instagram, Info Center, unter: https://instagram-press.com/blog/2019/05/09/shop/ [abgerufen am 25.12.2019].

Instagram Business-Team (2019): Erhalte die neusten Nachrichten von Instagram, in Instagram Business, unter: https://business.instagram.com/blog/new-to-instagram-shopping-checkout/ [abgerufen am: 26.10.2019].

Institut für Medien und Kommunikationspolitik (IfM) (2019): 5. Facebook Inc., in: mediadb.eu, Datenbanken, Internationale Medienkonzerne, unter: www.mediadb.eu/datenbanken/internationale-medienkonzerne/facebook-inc.html [abgerufen am: 05.12.2019].

Integral Ad Science (IAS) (2019): IAS Ripple Effect - Wie Verbraucher die Qua-lität von Werbeumfeldern wahrnehmen, in: IAS Insider, Brand Suitability, Optimization, Research And Reports, unter: https://insider.integralads.com/de/ias-ripple-effect/ [abgerufen am: 15.11.2019].

International Telecommunication Union (ITU) (2018): Measuring the Information Society Report 2018, Individuals using the Internet, in ITU.int, unter: www.itu.int/en/ITU-D/Statistics/Documents/publications/misr2018/MISR-2018-Vol-1-E.pdf [abgerufen am: 15.11.2019].

Internet World Business (2018): Online-Handel, in: Internetworld, Online-Handel, unter: www.internetworld.de/online-handel-965880.html [abgerufen am: 27.12.2019].

Internet World Business (2019): Das sind die 10 größten Online Shops weltweit, in: internetworld, E-Commerce, unter: www.internetworld.de/e-commerce/10-groessten-online-shops-weltweit-1703189.html?seite=8 [abgerufen am: 27.12.2019].

Jacobsen, N. (2018): Instagram wäre als eigenständiges Unternehmen bereits mehr als 100 Milliarden Dollar wert, in: MEEDIA, unter: https://meedia.de/2018/06/26/instagram-waere-als-alleiniges-unternehmen-bereits-mehr-als-100-milliarden-dollar-wert-und-duerfte-seine-mitgliederzahl-in-5-jahren-verdoppeln/ [abgerufen am: 26.12.2019].

Jacobsen, N. (2019): Instagram startet In-App-Shopping-Funktion – und könnte Amazons Achillesferse treffen, in: absatzwirtschaft, unter: www.absatzwirtschaft.de/instagram-startet-in-app-shopping-funktion-und-koennte-amazons-achillesferse-treffen-154920/ [abgerufen am: 14.11.2019].

Kamps, I., Schetter, D. (2018): Performance Marketing. Der Wegweiser zu einem mess- und steuerbaren Marketing - Einführung in Instrumente, Methoden und Technik, Wiesbaden: Springer Gabler.

Kaplan, A. M., Haenlein, M. (2010): Users of the world, unite! The challenges and opportunities of Social Media. Business horizons 53, Nr.1, S. 59-68.

Keyes, D. (2017): Instagram rolls out shoppable posts for more merchants, in: Business Insider France, unter: www.businessinsider.fr/us/instagram-rolls-out-shoppable-posts-for-more-merchants-2017-10 [abgerufen am: 21.11.2019].

Kobilke, K. (2017): Marketing mit Instagram, 3. Aufl., Frechen: MITP.

Kotler, P., Kartajaya, H., Setiawan, I. (2010): Die neue Dimension des Marke-tings. Vom Kunden zum Menschen, Frankfurt a. M., New York: Campus.

Kotler, P., Kartajaya, H., Setiawan, I. (2017): Marketing 4.0. Der Leitfaden für das Marketing der Zukunft, Frankfurt a. M., New York: Campus.

Krah, E. S. (2018): Social-Media-Plattformen sind Verkaufsturbos, in: Springer Professional, E-Commerce, Infografik, Onlineartikel, unter: www.springerprofessional.de/e-commerce/vertriebskanaele/social-media-plattformen-sind-verkaufsturbos/15877164 [abgerufen am: 25.11.2019].

Kreutzer, R. T. (2016): Online-Marketing, Wiesbaden: Gabler.

Kreutzer, R. T. (2018): Praxisorientiertes Online-Marketing Konzepte – Instru-mente – Checklisten, 3. Aufl., Wiesbaden: Gabler.

Lackes, R. (2018): Definition Data Mining, in: Gabler Wirtschaftslexikon, unter: https://wirtschaftslexikon.gabler.de/definition/data-mining-28709 [abgerufen am: 14.10.2019].

Lammenett, E. (2019): Praxiswissen Online-Marketing, 7. Aufl., Wiesbaden: Springer-Gabler.

Lampa, A., Risse, S., Weinand, A. L. (2019): Sozial. Smart. Simple. Wie Händ-ler über Social Media, Apps und Delivery-Services die Customer Experience erhöhen, Studie des ECC Köln in Zusammenarbeit mit Hermes, in: myhermes, unter: www.myhermes.de/content/emails/ecc_studie/180827_hermes_chartstudie_social_smart_simple.pdf [abgerufen am: 27.12.2019].

Lange, C. (2007): Web 2.0 zum Mitmachen - Die belibtesten Anwendungen, in: O'Reilly Verlag, unter: http://corinapahrmann.de/wp-content/uploads/2013/03/Web-2.0-zum-Mitmachen.pdf [abgerufen am 29.11.2019].

Langer, U. (2019): Wie KI das Einkaufen bei Instagram, Pinterest, Snapchat und Facebook erleichtert, in: Horizont, H+, unter: www.horizont.net/marketing/nachrichten/social-shopping-wie-ki-das-einkaufen-bei-instagram-pinterest-snapchat-und-facebook-erleichtert-175837 [abgerufen am: 27.11.2019].

Leibniz-Institut für Deutsche Sprache (2019): §63 (2.1) Feste Verbindungen aus Adjektiv und Substantiv, in: Grammis Grammatisches Informationsysten, unter: https://grammis.ids-mannheim.de/rechtschreibung/6196# [abgerufen am:13.01.2020].

Lies, J. (2018): Marketing 4.0 Ausführliche Definition, in: Gabler Wirtschafts-lexikon, unter: https://wirtschaftslexikon.gabler.de/definition/marketing-40-54235/version-277285 [abgerufen am: 06.12.2019].

Lipinski, K.(2013):Web 3.0, in ITWISSEN.info, unter: www.itwissen.info/Web-3DOT-0-web-3DOT-0.html [abgerufen am: 03.12.2019].

Lipsman, A. (2019): Global Ecommerce 2019. Ecommerce Continues Strong Gains Amid Global Economic Uncertainty, in: E-Marketer, Reports, Global, unter: www.emarketer.com/content/global-ecommerce-2019 [abgerufen am: 27.11.2019].

Matthiesen, V. (2019): Instagram Marketing: Das Grundlagen Buch zu Online Marketing & Social Media. Effektiv bloggen, Follower bekommen & Reichweite aufbauen, 2. Aufl., Barsinghausen: o. V.

Mattscheck, M. (2018): Definition Social Commerce, in: Onlinemarketing-Praxis, Glossar, Social Commerce, unter: www.onlinemarketing-praxis.de/glossar/social-commerce [abgerufen am: 15.12.2019].

Mattscheck, M. (2019): Definition Customer Journey; in: Onlinemarketing-Praxis, Glossar, Customer Journey, unter: www.onlinemarketing-praxis.de/glossar/customer-journey [abgerufen am: 13.12.2019].

Meier, O. (2019): Konnektivität Glossar, in: ZukunftsInstitut, unter: www.zukunftsinstitut.de/artikel/mtglossar/konnektivitaet-glossar/ [abgerufen am: 30.11.2019].

Melchior, L. (2019): Wie deutsche KMU Instagram nutzen, in: Internet World Business, Social Media, Instagram, Analyse, unter: www.internetworld.de/social-media/instagram/deutsche-kmu-instagram-nutzen-1707411.html [abgerufen am: 28.12.2019].

Methner, I. (2017): Facebook-Statistik: Welche KPIs sind wirklich relevant?, in: Content Marketing Star, Online Marketing Check, unter: https://content-marketing-star.de/facebook-statistik/ [abgerufen am: 02.12.2019].

O'Reilly, T. (2007): What Is Web 2.0: Design Patterns and Business Models for the Next Generation of Software, in: International Journal of Digital Econo-mics, Heft 65, 2007, S. 17-37.

Pein, V. (2014): Der Social Media Manager – Handbuch für Ausbildung und Beruf, Bonn: Galileo Press.

Peters, M. (2018): Gamification Techniken im SEO nutzen, in: Digital-Magazin, Digitalisierung und E-Commerce, unter: https://digital-magazin.de/gamification-techniken-im-seo-nutzen/ [abgerufen am: 10.12.2019].

Pettauer, R. (2015): Alles über Instagram: Funktionen, Fakten, Best Practices. Marketing mit digitalen Polaroid Selfies?, in: datenschmutz.net, unter: https://datenschmutz.net/instagram-marketing-guide/ [abgerufen am: 03.12.2019].

Priller-Gebhardt, L. (2019): Instagram Checkout, die maximale Shopping-Offensive, in: W&V+, Instagram, unter: www.wuv.de/wuvplus/instagram_checkout_die_maximale_shopping_offensive [abgerufen am: 25.11.2019].

Rajamannar, R. (2018): Mastercard-Marketer erklärt klassische Werbung für tot, in: W&V Online, unter: www.wuv.de/marketing/mastercard_marketer_erklaert_klassische_werbung_fuer_tot [abgerufen am: 05.12.2019].

Rentz, I. (2019): Brand Safety - So will Facebook für bessere Umfeldsicherheit sorgen, in: Horizont, unter: www.horizont.net/marketing/nachrichten/umfeldsicherheit-so-will-facebook-fuer-mehr-brand-safety-sorgen-172483 [abgerufen am: 15.11.2019].

Rinsum, H. (2019): Instagram Only: Wie kleine Unternehmen die Plattform nutzen, in: Internet World Business, Online Marketing, Instagram, unter: www.internetworld.de/online-marketing/instagram/instagram-only-kleine-unternehmen-plattform-nutzen-1731251.html [abgerufen am: 28.12.2019].

Röhner, J., Schütz, A. (2012): Klassische Kommunikationstheorien und -mo-delle, in: Psychologie der Kommunikation, Wiesbaden: Springer, S. 15-33.

Rucker, D., Petty, R. (2006): Increasing Effectiveness of Communications to Consumers: Recommendations Based on the Elaboration Likelihood and Attitude Certainty Perspectives. Journal of Public Policy and Marketing. 25. Jg., Nr. 1, S. 39-52.

Saal, M. (2019a): FACEBOOK PAY: Facebook bündelt Bezahlfunktionen seiner Plattformen unter neuer Marke, in: Horizont, unter: www.horizont.net/marketing/nachrichten/facebook-pay-facebook-buendelt-bezahlfunktionen-seiner-plattformen-unter-neuer-marke-178964 [abgerufen am: 13.11.2019].

Saal, M. (2019b): Facebook macht Instagram zur Shopping-Plattform, in: Hori-zont, unter: www.horizont.net/tech/nachrichten/in-app-kaeufe-facebook-macht-instagram-zur-shopping-plattform-173669 [abgerufen am: 13.11.2019].

Schmellenkamp, B. (2019): Philip Kottler, in: Literaturtipps.de - Das Buchemp-fehlungsportal, unter: www.literaturtipps.de/autor/kurzbeschreibung/kotler.html [abgerufen am: 06.12.2019].

Schobelt, F. (2019):So lohnt sich Instagram für kleinere Unternehmen, in: One to One New Marketing Management, unter: www.onetoone.de/artikel/db/315570frs.html [abgerufen am: 22.11.2019].

Schültke, F., Legler, S. (2019): Deloitte Insights - 2020 Global Marketing Trends. Bringing authenticity to our digital age, in: Deloitte.com, unter: www.deloitte-mail.de/custloads/141631293/md_1668966.pdf?sc_src=email_3960807&sc_lid=163514747&sc_uid=lYZwOSWNAv&sc_llid=579 [abgerufen am: 10.12.2019].

Schwarz, T. (2019): Digital Marketing Monitor 2019, in: Absolit Dr. Schwarz Consulting, Studien, unter: http://x.absolit.de/download/Digital_Marketing_Monitor_Kurzversion.pdf [abgerufen am: 05.12.2019].

Socialbakers (2019): Instagram vs. Facebook Report: Key Trends You Need to Know, in: Socialbakers, Studies, unter: www.socialbakers.com/social-media-content/studies/instagram-vs-facebook-report-key-trends-you-need-to-know [abgerufen am: 29.11.2019].

Svoboda, M (2018): Zitate von Maya Angelou, in: berühmte-zitate, Berühmte Personen, unter: https://beruhmte-zitate.de/autoren/maya-angelou/https://beruhmte-zitate.de/autoren/maya-angelou/ [abgerufen am:13.11.2019].

Tamble', M. (2014): Web 4.0: Die nächste Evolutionsstufe der Wertschöpfung, in: Marketing Börse, unter: www.marketing-boerse.de/ticker/details/1446-web-40-die-naechste-evolutionsstufe-der-wertschoepfung/49998 [abgerufen am: 29.11.2019].

The Nielsen Company (2015): Global trust in advertising - winning strategies for an evolving media landscape, Report September 2015, in The NielsenCompany Insights, unter: www.nielsen.com/wp-content/uploads/sites/3/2019/04/Nielsen_Global_Trust_in_Advertising_Report_DIGITAL_FINAL_DE.pdf [abgerufen am: 07.11.2019].

Theobald, T. (2019): Brand-Safety-Studie - Wie schlechte digitale Werbeumfel-der die Nutzer beeinflussen, in: Horizont, unter: www.horizont.net/medien/nachrichten/brand-safety-studie-wie-schlechte-digitale-werbeumfelder-die-nutzer-beeinflussen-178995 [abgerufen am: 15.11.2019].

Tietze, I. (2019): Facebook startet Bezahlfunktion. Soziales Netzwerk verein-facht damit Handel auf seiner Plattform, Lebensmittel Zeitung Nr. 46, 15.11.2019, S. 034, unter: Datenbank www.wiso-net.de/stream/exportHtml/LMZ_20191115518458%7CLMZA_20191115518458?type=html&print=true&src=toc [abgerufen am: 03.12.2019].

Vlachos, T. (2019): Recht im Onlinemarketing. Rechtliche Grundlagen für Social Media, in: Onlinemarketing Praxis, Recht, Fachartikel, unter: www.onlinemarketing-praxis.de/recht/rechtliche-grundlagen-fuer-social-media [abgerufen am: 11.12.2019].

Vom Brocke et al. (2009): Reconstructing the giant: On the importance of rigour in documenting the literature search process, in: Association for Information Systems (AIS) Electronic Library (AISeL), European Conference on Infor-mation Systems (ECIS) 2009 Proceedings, unter: https://aisel.aisnet.org/cgi/viewcontent.cgi?article=1145&context=ecis2009 [abgerufen am: 16.11.2019].

Wirtschaftsstrafgesetz WiStG (2002) in der Fassung vom 01.01.2002, in: dejure.org Rechtsinformationssysteme, unter: https://dejure.org/gesetze/WiStG/3.html [abgerufen am: 14.12.2019].

Zen, S. (2018): China's young consumers don't just want to shop online – they want to be entertained while doing it, in: South China Mourning Post, unter: www.scmp.com/tech/enterprises/article/2142934/chinas-young-consumers-dont-just-want-shop-online-they-want-be [abgerufen am: 28.11.2019].